힘들어도
괜찮아

힘들어도
괜찮아

초판 1쇄 발행 2018년 7월 1일
2쇄 발행 2018년 7월 7일

지 은 이   김원길
발 행 인   권선복
편   집   권보송
디 자 인   김소영
기록정리   한영미
전 자 책   천훈민
마 케 팅   권보송
발 행 처   도서출판 행복에너지
출판등록   제315-2011-000035호
주   소   (157-010) 서울특별시 강서구 화곡로 232
전   화   0505-613-6133
팩   스   0303-0799-1560
홈페이지   www.happybook.or.kr
이 메 일   ksbdata@daum.net

값 15,000원

ISBN 979-11-5602-613-6 (03320)

도서출판 행복에너지는 독자 여러분의 아이디어와 원고 투고를 기다립니다. 책으로 만들기를 원하는 콘텐츠가 있으신 분은 이메일이나 홈페이지를 통해 간단한 기획서와 기획의도, 연락처 등을 보내주십시오. 행복에너지의 문은 언제나 활짝 열려 있습니다.

"영혼을 담아 최선을 다할 때 명작이 된다"

힘들어도
괜찮아

김원길 지음

도서
출판 행복에너지

"나는 가장
축복받은 사람이다!"

나는 나 자신을 가장 축복받은 사람이라고 생각한다.

뜬금없이 무슨 소리냐고 할 테지만, 나는 지금까지 쭉 이런 마음으로 살아왔고, 앞으로도 계속 이렇게 살아갈 것이다.

한 번뿐인 인생 즐겁고 재미있게 살고, 열심히 일해 번 돈 멋지게 쓰며 사는 것!

이것이야말로 가장 축복받은 사람만이 할 수 있는 일이라고 생각하기 때문이다.

내 인생의 축복은 크게 다섯 가지로 나눌 수 있다.

첫째는 여행, 둘째는 스포츠, 셋째는 요리, 넷째는 노래, 다섯째는 사회봉사다.

1. 여행

내가 삶을 즐겁고 재미있게 사는 방법 중 첫 번째가 바로 여행이다. 여행을 통해 세상을 다양하게 경험하고 많은 것을 보고 배웠다.

미국의 라스베이거스, 그랜드캐니언, 뉴욕, 하와이, 영국, 이탈리아, 스위스, 호주, 뉴질랜드, 일본, 중국, 동남아시아 등등 세계 방방곡곡 많은 나라들을 다녔다. 그동안 탑승한 비행기 마일리지만 해도 200만 마일이 넘는다. 보통 LA 다녀오는 데 1만 마일인데, 시간으로 따지면 왕복 22시간 비행기를 타야 한다. 그러니 200만 마일이면 어느 정도인지 쉽게 예상될 것이다.

그렇게 세계 각지를 여행했고 하늘에 떠 있는 시간만 해도 꽤 많았다. 세계 이곳저곳을 보면서 각 나라의 사람들이 수백, 수천 년간 고민하면서 이뤄놓은 삶의 문화를 공부한 경험이 사람들과 소통할 때도 큰 도움이 되었다.

여행을 통해 단순히 보는 데 그치지 않고 시대적 환경, 문화, 종교, 정치 등 삶에 유익한 것들을 공부하게 된다.

운 좋게도 나는 젊을 때부터 여행을 자주 하며 간접체험을 많이 하고 살았다.

일본에서는 장인정신을 배웠고, 라스베이거스를 보면서 사막에 큰 도시를 만들어 낸 인간의 위대함에 감탄했다.

그랜드캐니언을 통해서는 자연의 위대함을 느끼고 자연 앞에서 작아지는 나 자신을 보았다. 그랜드캐니언의 2,800킬로미터 절벽은 도저히 사람의 힘으로는 만들어 낼 수 없는 것이다. 자연의 어마어마함을 깨닫는 순간이었다.

하와이의 아름다운 경치는 마음의 평화를 가져왔고, 인사말 "알로하"에 깃든 그들의 정신을 배울 수 있었다. 보통 하와이에서 아기를 낳으면 머리에 "하" 하고 입바람을 불어준다고 한다. "알로하"는 이 세상에 태어났을 때 신이 주는 선물이라는 의미의 인사말이다.

또 콜로세움, 바티칸, 베네치아 등 이탈리아와 유럽의 유적지를 보면서는 1,000년 전 유럽인들의 어마어마한 스케일을 알게 됐고, 영국에선 신사의 나라답게 전통을 중시하는 문화를 체험했다.

내가 여행을 시작한 것은 30세가 되면서부터다. 여행의 유익함을 깨닫게 되자 세계를 좀 더 일찍 보았더라면 하는 아쉬움이 남았다.

처음 이탈리아를 여행할 때 그들의 조상들이 물려준 관광자원이 엄청남을 실감했고, 그 덕에 이탈리아가 관광 사업만으로도 먹고살 수 있다는 말이 이해가 됐다. 비단 관광뿐 아니라 이탈리아는 가구, 구두, 의류, 안경, 대리석, 유적지 등 세계적으로 유명한 것들을 많이 갖고 있는 축복받은 나라였다. 그래서 무척 부러워했던 기억이 있다.

그런데 현재는 우리나라의 국민총생산이 이탈리아보다 앞서는 현실에 와 있다.

변화가 엄청 빠르고 변화가 얼마나 무서운 것인가를 또 한 번 깨닫는다. 역사에서도 변화의 무서움을 공부한 것이다.

미국 연수

이탈리아 미캄 연수

그 무렵 외국을 여행하면서 보았던 것들 – 멋진 스포츠카, 요트, 보트, 스키 등 – 모두가 나에게는 꿈만 같았고 부러움의 대상이었다. 그런데 이제는 내가 꿈만 같았던 그것들을 실제로 현실에서 체험하고 있다. 보트를 타고, 서핑과 스키, 스노보드도 하고 골프와 요리까지 즐기며 산다. 단순히 즐기는 것에서 한 걸음 더 나아가 그러한 즐거움들을 함께 나누며 가르칠 수 있는 강사 수준에까지 와 있다.

여행을 하면서 얻었던 간접체험이 이렇게 중요하다. 내게 많은 가르침을 준 것이 바로 여행이다.

2. 스포츠

두 번째는 계절별 스포츠를 즐기는 것이다.

여름에는 더위를 한 방에 보내는 방법이 있다. 매일 아침 한강에서 수상스키를 타는 것이다. 더우면 더울수록 더 상쾌하고 짜릿하다. 또 파도타기를 즐긴다. 우리 회사에는 배가 6대 있는데, 그중 가장 큰 배로 직접 파도를 일으키며 서핑이 처음인 사람들에게 직접 파도 타는 법을 가르친다.

겨울에는 스키와 스노보드 타는 것을 좋아한다. 스노보드 강사인 동시에 스키 강습도 하고 있다. 얼마 전 겨울에는 이탈리아 밀라노 전시회에 갔다가 직원 16명과 함께 4,800미터 고지의 몽블

랑 아래에서 스키를 타기도 했다. 겨울 설산에서 알프스산맥의
최고봉이자 아름다운 풍광을 자랑하는 몽블랑을 배경으로 직원
들과 함께 스키를 즐기는 것만큼 신나는 일도 없다.

여름 수상레저

알프스 몽블랑 스키

그리고 봄·가을에는 내가 좋아하는 골프를 즐겨 친다. KPGA 에서 3승을 한 김우현 프로골퍼가 내 아들이다. 아들이 네 살일 때부터 골프를 가르쳤는데, 미국 주니어 챔피언을 거쳐 고1 때 국가대표가 된 아들과 약속을 했었다.

"네가 우승하면 대회의 스폰서를 해 주겠다."

그 약속을 지키기 위해 상금 5억 원 대회를 2번 개최하기도 했다.

골프는 비즈니스 면에서도 효과 만점인, 네트워크 지수가 가장 좋은 스포츠다. 골프를 통해 일본, 미국, 이탈리아, 독일, 중국, 인도네시아, 베트남 등 세계 어디를 가든지 그 지역에서 가장 잘 나가는 사람들과 소통을 할 수 있다. 즉 골프를 소통의 도구로 쓰는 것이다.

봄·여름·가을·겨울, 계절마다 즐기는 스포츠가 있다 보니 나는 늘 계절이 바뀌는 것이 기대되고 즐겁다.

사람들과의 소통에 최고인 골프

3. 요리

스포츠를 즐기고 나면 에너지를 충전하기 위해 요리를 한다.

나는 세계 각국을 여행하면서 그곳의 맛있는 요리는 다 먹어보았다. 그런 경험이 내가 요리하는 데 무척 도움이 된다.

먹는 것뿐만 아니라 요리하는 것 자체도 좋아한다. 그 취미를 살려 우리 회사 고객과 지인들에게 직접 감사 표현을 하고자 멤버십 접대 장소 '요즘엔 요 맛'을 열었다. 손님들을 초청하면 요리사 없이 제철 음식을 손수 대접하곤 한다.

제주도부터 경상도, 전라도, 충청도 등 각 지역의 특산품을 계절별로 공수해 와서 요리를 하고 산다.

고객을 위해 제철에 나는 최상의 식재료로 직접 요리하는 김원길 대표

　우리 식당에는 요리사가 따로 없다.

　산지에서 공수해 온 최상의 식재료로 내가 직접 만든 음식을 정성스레 대접하면 내 진심이 가장 잘 전해지리라 생각했고, 고객 입장에서는 전국 각지의 산해진미를 맛볼 수 있는 뜻깊은 자리가 될 것이라고 여겼다. 게다가 그들과 함께 식사를 하고 술잔을 주고받으며 진솔한 얘기까지 나눌 수 있어 일석이조였다. 이처럼 요리 경영은 내게 또 하나의 새로운 '소통법'인 셈이다.

4. 노래

　나는 맛있는 요리를 해서 먹고 배가 부르면 노래를 부른다.

　노래방에 가면 〈힘들어도 괜찮아〉라는 제목의 내 노래가 흘러

나온다. 직접 작사를 하고 노래도 직접 불렀다. 저작권도 갖고 있다. 내가 살아온 삶을 토대로 만든 노래이기 때문에 나에게는 더없이 소중하고 뜻깊다.

내가 노랫말을 쓴 노래를 부르다 보면 힘들었던 지난날을 되돌아보는 동시에, 시련을 극복하고 오뚝이처럼 일어난 스스로에게 한 번 더 응원의 박수를 쳐주게 된다.

노래를 만들면 새로운 세상이 펼쳐진다.

내게 노래란? 마음의 철학이다. 내가 노래를 부르는 이유는? 마음의 여행이기 때문이다. 노래야말로 내게 에너지를 주는 귀한 선물인 셈이다.

내게 노래란 마음의 여행이다

힘들어도 괜찮아

김원길 작사/노래

힘들어도 괜찮아

힘들어도 괜찮아

힘든 건 나의 추억이니까

때로는 힘들어 쓰러지면

오뚝이처럼 일어날 거야

시련아 덤벼라

시련아 덤벼라

힘들수록 내 미래는 빛이 날 거야

지금은 세찬 눈보라 힘들겠지만

이 순간 지나고 나면 봄날은 온다

힘들어도 할 거야

시련아 덤벼라

힘든 건 나의 추억이니까

2018 효도잔치

5. 사회봉사

마지막으로 사회봉사다. 돈은 버는 것도 중요하지만 쓰는 것이 더 중요하다고 생각한다. 돈을 쌓아놓고 있는 것이 아니라 가치 있게 쓸 줄 아는 사람이 진정한 부자다.

나는 종종 군부대나 공공기관에 초청받아 강연자로 나가는데, 특히 매년 1만 명 이상의 국군장병을 대상으로 군부대 강연을 하고 있다.

나의 군대 사랑은 여기서 끝이 아니다. 매년 1군단 모범병사 20명을 뽑아 호주에 일주일간 연수를 보내 주고, 9사단 모범병사 6명에게는 7박 8일 유럽 연수를 지원한다. 인생 선배의 멋진 조언과 함께 연수의 기회도 제공하니 장병들에게 내 인기는 아이돌 못지않다. 제대한 장병들이 자신의 친구들에게도 꼭 들려주고 싶다고 하여 몇 차례 대학교 강단에 선 경험도 있다.

9사단 강의

9사단 모범사병 유럽여행

또 효도잔치에도 정성을 들이고 있는데 1년에 2억 원 정도씩 내가 경비를 부담하며 수년간 지속해 오고 있다. 서울, 부산, 광주, 당진 등 전국 각 지역의 어르신들을 모시고 효도잔치를 열 때마다 내가 직접 공연 기획부터 사회까지 맡아 인기 개그맨·가수들과 즐거운 한마당을 만들고 있다.

2012, 2014 효도잔치

이 밖에 나의 농촌 사랑 이야기도 빼놓을 수 없다. 우리 쌀 애용 홍보대사이기도 한 나는 농협 상생 마케팅의 지속적인 후원과 함께 구두 구매 고객에게 우리 쌀과 떡, 배추, 제철 농수산물 등을 사은품으로 증정하고 있다. 우리 농촌이 살아야 우리도 잘살 수 있다고 굳게 믿기 때문이다.

나는 현재까지 봉사비용으로 1년에 10억 원씩 쓰고 있는데, 앞으로의 나의 꿈은 1년에 100억 원의 봉사를 하는 것이다.

배추후원 행사

김병원 농협중앙회장님과 함께

나는 이렇게 크게 다섯 가지의 축복—여행·스포츠·요리·노래·사회봉사—을 받고 즐겁게, 재미있게 산다.

내가 언젠가 모 방송의 다큐멘터리 프로그램에 출연하면서 "나보다 더 즐겁게 살고, 나보다 더 축복받은 사람을 찾아준다면 5천만 원을 드리겠다."라는 특별한 제안을 한 적이 있다.

지금까지는 찾지 못했지만 나는 무엇보다 약속을 중요시하는 사람이므로, 실제 그런 사람이 나타난다면 진짜 5천만 원을 드리고 더 증액해 7천만 원을 내걸 생각도 갖고 있다.

내가 이런 생각을 하는 것은 단순히 잘난 척하기 위해서가 아니다. 사람들을 만날 때면 나를 돈 많은 대기업 회장인 줄 아는 이들이 많은데, 사실 나는 일산에 내 집을 장만한 지 불과 3년밖에 안 된다.

개인의 재산을 늘리는 것보다는 돈을 멋있고 가치 있게 쓰는 것이 진정한 부자라는 생각이 내 인생의 모토다. 돈은 쌓아놓기 위해 버는 것이 아니라 잘 쓰기 위해 버는 것이다.

내 인생의 축복이라 할 수 있는 여행, 스포츠, 요리, 노래, 사회봉사 등을 실제로 모두 해 보니 삶의 질이 달라졌다. 나보다 돈 많은 사람은 많아도 나보다 축복받은 사람은 별로 많지 않을 것이다.

그렇다고 모든 것을 다 쉽게 익히고 즐긴 것만은 아니다. 어떤 일에든 힘든 것이 있었고 그 힘든 것을 중간에 포기하지 않고 내 것으로 만들다 보니 어느새 축복받은 인생을 살게 된 것이다.

이러한 축복받은 인생은 특정한 누군가만 누릴 수 있는 것이 아니다. 노력만 하면 누구나, 아무나 누릴 수 있다.

한 번 왔다 가는 인생, 정말 가치 있게 살다가 가야 한다.

얼마든지 세상에서 축복받은 인생으로 살 수 있는데, 이런 좋은 기회를 방관하는 사람은 자신을 이 세상에 보내준 부모님께 죄를 짓는 것이나 마찬가지다.

내 학력은 중졸이다. 중졸인 김원길도 하는데 이 글을 읽는 여러분들이 못 할 것이 무엇인가? 여러분 모두 멋지게 살 수 있다. 누구나 멋진 인생의 주인공이 될 수 있다.

물론 지금의 내가 결코 거저 만들어진 건 아니다. 인생의 굽이굽이에서 수많은 역경과 맞닥뜨릴 때마다 이를 악물고 열심히 버텨냈기 때문에 오늘날 즐겁고 행복한 인생을 사는 내가 존재하는 것이다.

지난 4월에는 안양대학교에서 명예 철학박사 학위를 받았다.

학위수여식 때 이수성 전 국무총리께서 해주신 축사가 무척 인상 깊었다.

안양대학교 명예 철학박사 학위 수여식

"논문을 써서 박사학위를 받는 데 20점을 준다면, 세상을 살면서 삶으로 명예박사를 받는 데는 100점을 주어야 한다."

이렇게 과분한 축하의 말씀을 들으니 참으로 행복했다.

나는 열심히 일하고 열심히 돈을 벌어 열심히 세상과 나누었을 뿐이다.

다만 그동안 어르신 효도잔치, 군부대 강연, 국군장병 해외여행 지원, 청년 창업 멘토 등 '행복 전도사'로 불릴 만큼 다방면의 봉사활동을 펼친 것이 조금이나마 사회에 도움이 된 것 같아 기쁘다. 평소 인생, 성공, 공부가 무엇인지 탐구하고 실천해 온 결과인 것 같아 더 보람을 느낀다.

공식적인 학력은 중졸이 전부인 내가 철학박사 학위까지 받게 되었으니, 이 또한 축복받은 인생이 아닐 수 없다.

이 책 『힘들어도 괜찮아』에는 내 인생의 5단계-역경·극복·성공·나눔·행복-가 고스란히 담겨 있다. 말 그대로 내게 주어진 역경을 극복하고, 열심히 일해 성공하고, 그 성공을 나눔으로써 행복해진 한 사람의 인생 역정 이야기다.

모쪼록 드라마 같은 나의 삶이 담긴 이 책을 통해 지금 실의에 빠져 있거나 꿈을 포기하고 있는 이 땅의 청년들에게 '나도 할 수 있다!'라는 꿈과 긍정의 에너지가 전해져 모두가 행복한 사회가 되기를 소망한다.

추천사

전 서울대 총장 **이 수 성**

김원길 대표는 긍정적인 삶의 표본을 살고 있는 사람이라고 해도 과언이 아닙니다. 논문을 써서 박사학위를 받는 것은 20점을 준다면, 김 대표처럼 긍정적으로 세상을 살면서 삶으로 명예박사를 받는 것은 100점을 주어도 무방합니다. 그런 긍정의 힘이 지금의 바이네르를 만든 것이 아닐까 합니다. 아무리 힘든 시련이 찾아와도 늘 긍정의 힘으로 이겨내는 김원길 대표의 인생 이야기를 모두가 함께했으면 하는 바람입니다.

농협중앙회장 **김 병 원**

김원길 대표가 지금까지 걸어온 길과 바탕이 되어준 신념이 담긴 이 책을 보면 '성공하지 않을 수 없는 사람'이라는 생각이 단번에 들 것입니다. 힘든 일을 겪어도 언제나 밝은 에너지를 가지고 "나는 가장 축복받은 사람이다!"를 외치는 김원길 대표! 우리 농촌이 잘살아야 우리도 잘살 수 있다고 굳게 믿으며 농협쌀과 〈농민신문〉 홍보대사로도 활동하고 있는 그는, 사소한 것에도 감사할 줄 알며 인생을 즐길 줄 아는 멋진 사람입니다.

중소기업중앙회장 **박 성 택**

이 책은 어린 시절 가난한 구두공에서 시작해 대한민국에서 최고로 편한 신발이라 칭찬받는 바이네르를 일구기까지, 시련은 있었지만 훌륭히 극복한 희망 스토리가 담겼습니다. 꿈을 키우는 청소년과 창업을 희망하는 청년들에게 필독서가 될 것입니다. 중소기업사랑나눔재단 이사로서 사회공헌에 앞장서는 작지만 강한 강소기업, 바이네르 김원길 대표를 응원합니다. 이 땅에 바이네르와 같이 기술력 확보는 물론 사회와 상생함으로써 성장하는 중소기업들이 더욱 많아지기를 희망합니다.

여성경제인협회장 **한 무 경**

한 기업을 이끄는 대표의 마인드나 마음가짐이 어떠하냐에 따라 그 회사의 성공 여부가 달려 있다고 할 수 있습니다. 그런 의미에서 김원길 대표의 바이네르는 직원들의 만족도와 애사심이 높은 꿈의 회사입니다. 직원 전용 연수원, 스포츠카, 보트 등을 갖추고 직원들의 행복지수를 높이기 위한 노력을 아끼지 않은 덕분입니다. 언제나 넘치는 에너지로 주위를 환하게 만들어주는 김원길 대표를 응원하며, 이 책의 일독도 적극 권장하는 바입니다.

안양대 총장 **유 석 성**

　구두 외길을 걸어온 김원길 대표의 삶을 읽는 동안 가슴이 뭉클해졌습니다. 끊임없는 노력 끝에 일구어낸 성과가 대단해 절로 감탄이 나올 정도입니다. 성실함의 진가를 다시 한 번 느낄 수 있는 기회였습니다. 중졸의 학력에도 불구하고 지난 4월 안양대학교 명예철학박사 학위를 받아 많은 학생들에게 올바른 삶의 이정표를 제시한 김원길 대표. 미래에 대한 불안감이 많은 대학생과 청년들이 김원길 대표의 이야기를 접하여 용기와 희망을 얻기를 바랍니다.

일산광림교회 목사 **박 동 찬**

　만나면 기분 좋은 사람이 있습니다. 김원길 회장이 바로 그 사람입니다. 그의 주체할 수 없는 긍정의 에너지는 절망의 순간 속에서도 꿈과 희망을 보게 합니다. 그래서 그에겐 인생이 항상 새롭고 즐거울 수밖에 없습니다. 이 책 속에 소개된 그의 삶의 지혜와 능력을 많은 젊은이들이 배웠으면 좋겠습니다. 그래서 역경의 순간을 극복하고 신화를 창조해가는 제2, 제3의 김원길이 탄생하길 소망합니다.

　김원길 대표의 이야기는 요즘 청년들에게 시사하는 바가 큽니다. 2016년 경북대에 '김원길 창업스쿨'을 설치하고 후학 양성에도 힘쓰고 있는 그는, 어려운 상황에서도 자신이 가장 잘할 수 있는 일뿐만 아니라 자신이 이뤄내야 할 목표를 위해 해야 할 모든 일을 다 하고자 노력해온 분입니다. 이 책의 제목에서도 알 수 있듯이 힘든 일이 닥칠 때마다 김원길 대표는 스스로 괜찮다고 다독이고 그 상황이 더 나은 길로 가는 길임을 믿으며 앞으로 나가기를 주저하지 않았습니다. 500년 뒤에 우리나라 화폐 속 인물로 들어가고 싶다는 김원길 대표의 독특한 꿈처럼, 청년들도 자신만의 꿈을 찾아 앞으로 나아가기를 바랍니다.

　'김원길 창업스쿨'의 주제는 '돈'이지만 그는 돈을 버는 것만을 강조하지는 않습니다. 그가 항상 강조하는 대목은 돈을 많이 벌고, 그만큼 사회에 공헌해야 한다는 것입니다. 그러한 공헌을 실천하고 500년 뒤에는 우리나라 화폐 속 인물로 들어가고 싶다는 김원길 대표의 독특한 꿈처럼, 청년들도 자신만의 꿈을 찾아 앞으로 나아가기를 바랍니다.

나는 김원길 박사만 보면 기분이 좋아진다. 그는 동자승처럼 해맑은 웃음과 미소로 사람들을 즐겁게 해주기 때문이다. 사업가이면서도 언뜻 보면 사회공헌 활동가인 듯한 것도 그를 좋아하는 이유 중 하나다. 늘 가난하고 소외받는 사람들 편에 서서 작은 것이라도 나눔을 베풀고 사는 그는 진정 우리 사회의 등불이다. 그는 일찍이 영국의 유명한 철학자 러셀 경B. Russell이 말한 것처럼 다양한 분야many interests에 관심과 취미를 가지고 자기 삶을 즐기며 주변 사람들에게도 기쁨과 행복을 준다.

'돈을 잘 버는 것은 돈을 잘 쓰기 위한 행동이기에 중요하다.'
'돈을 잘 벌지만 좋은 데에 쓰지 못하는 사람은 절대로 부자가 아니다.'

이처럼 독특하면서도 확고한 그의 사업철학은 경영인에 대한 불신지수가 높은 이 시대에 진정한 경영인이 가져야 할 태도와 철학을 잘 보여준다. 그가 상대하는 사람은 권력과 재산이 많은 사람이 아닌 지극히 평범한 사람들이다. 그는 타이타닉호의 3등실 이용 승객처럼 가난하고 힘없는 사람들과 어울리기를 좋아한다. 특히 아름다운 선행으로 사회로부터 칭찬받는 사람들에게는 남몰래 크고 작은 도움을 주기도 한다.

그가 특히 중요하게 여기는 활동 중 하나는 우리 농산물 사랑이다. 농협 쌀과 '농민신문' 홍보대사로 활동 중인 그의 우리 농산물 사랑은 지극정성이라고 불러도 손색이 없을 정도이다. 그는 도시민들에게 조금이라도 더 농촌을 알리기 위해 바이네르 전 매장에 '농민신문'을 비치하고 있다. 또한 우리나라 농업과 농촌을 돕고자 수시로 전국 각지에서 제철 농산물을 구입해 마케팅 콘텐츠로 활용하고 있다.

흔히들 남을 즐겁게 기쁘게 해주는 사람을 일컬어 '행복전도사'라고 한다. 김원길 박사는 이 시대 최고의 행복전도사로 불러도 손색이 없는 사람이다. 그는 항상 남을 위해 사는 것에 익숙해져 있다. 사람들을 행복하게, 세상을 아름답게, 그래서 나도 행복하게 살고 싶다는 그의 철학과 이념이 끝없는 봉사활동으로 영글어 가고 있음을 주변에서 보고 있노라면 나도 행복해진다.

엊그제 입적하신 설악산 오현 스님께서 생전에 팔만대장경의 가르침을 이렇게 한마디로 표현하였다. "남의 눈에서 눈물 나게 하지 마라." "사람 차별하지 마라." 김 박사가 오현 스님의 시자도 아닌데 갑자기 이 가르침이 생각난 것은 그가 살아온 길이 이와 같아서일 것이다. 그리고 앞으로도 꼭 이 삶을 살아갈 것으로 확신한다. 왜냐하면 그는 김원길이기 때문이다.

CONTENTS

인생1단계

'역경 Hardship'

인생2단계
'극복 Overcome'

인생3단계
'성공 Success'

인생4단계

'나눔 Share'

인생5단계

'행복 Happiness'

인생1단계

'역경 Hardship'

인생이란

자기 앞에 놓인 사다리를 오르는 것.

중간에 그만둘 것인가,

계속 올라 정상에 설 것인가는

개인의 선택에 달렸다.

– 김원길 –

서울로 가서
배우겠습니다

나는 열일곱 살 때부터 구두를 만든 '구두장이'다. 어릴 때부터
집이 말 그대로 찢어지게 가난했기에 중학교를 졸업하고 나서는
더 이상 학업을 계속할 수 없었다.

초등학교 6학년 수학여행, 예당저수지에서

중학교 졸업 후 충남 서산에서 양화점을 하는 작은아버지의 제안으로 구두 일을 배우기 시작했다.

손재주가 좋았던 나는 구두 제작의 전 공정을 5개월 만에 대부분 익혔다. 견습공이었지만 꿰매는 것부터 뒷손질까지 모든 걸 해냈다.

그렇게 10개월쯤 지났을 때 선배의 조언 한마디가 가슴에 와 박혔다.

"원길아, 너는 나이도 어린데 시골 기술 배워서 되겠니? 서울 가서 서울 기술 배워야지."

이후 선배의 말이 머릿속에서 떠나지 않았다. '서울에 가면 더 많은 것을 배우지 않을까?' 하는 욕심이 생겼고, 그것이 계기가 되어 상경을 결심하게 되었다. 어린 나이에도 선배의 그 말 한마디를 경청해서 바로 알아듣고 곧장 실행으로 옮긴 것이다.

작은아버지에게 서울 얘기를 꺼낸 그날 바로 홍성행 버스에 몸을 실었다. 작은아버지도 나를 말리지 않았다. 오히려 열심히 하라며 서울로 가는 여비를 내주었다. 10개월 동안 옆에 두고 보면서 나의 가능성을 보았는지도 모르겠다. 나는 홍성에서 다시 기차로 갈아타고 서울 영등포로 향했다.

내가 가진 것이라곤 몇 벌 안 되는 옷가지와 몇만 원이 전부였다. 1978년 3월 열여덟 나이에 무작정 상경을 했다.

영등포역에서 내려 서울에 첫발을 내딛는 순간 덜컥 겁이 났다.

'이곳에 내가 정착할 수 있을까? 어디 취직이라도 할 수 있을까?'

사람들도 많고 서산에 비하면 거리도 번화하고 완전히 다른 세상이었다. 정신을 차리려고 화장실로 가 수돗물을 마시고 세수를 했다. 심호흡을 한 후 영등포 광장에서 영등포 로터리 방향으로 걷다 보니 죽 늘어서 있는 구둣방이 눈에 들어왔다. 서울에서 구둣방을 보니 조금씩 용기가 생겼다. 그렇게 많은 구둣방 가운데 나를 필요로 하는 곳이 한 곳 정도는 있을 것 같았다.

마음을 굳게 먹고 무작정 눈에 보이는 가게로 들어가 말했다.

"구두를 조금 만들 줄 아는데 저 좀 써줄 수 있나요?"

대답은 "노No"였다. 이미 직공이 다 찼으니 다른 곳에 가 보라는 것이었다. 그렇게 여섯 번째 가게까지 문전박대를 당했지만 거기서 그만둘 수는 없었다.

하늘이 도왔을까? 포기하지 않고 일곱 번째로 찾아간 '○○○양화점'에 채용되었다. 사장은 내 바느질 솜씨를 보자마자 오케이 했다.

처우는 말할 수 없이 열악했다. 먹여주고 재워주고 그게 끝이었다. 월급은 없었다.

물에 빠져도
물고기 건져 나와라

그때는 정말이지 얼마나 배가 고팠는지 모른다. 요즘 젊은이들은 알지도 못할 정부미 밥을 먹었다. 이 밥은 너무 가벼워서 먹으면 금방 배가 꺼지곤 했다. '나는 언제 한 번 배불리 먹어보나….' 하는 생각이 절로 들 정도였다. 더군다나 한창 크는 시기였으니 종일 밥 생각하는 것도 무리가 아니었다.

그곳에서 3개월쯤 지내다 보니 여름이 되었다. 여름에는 일이 없기 때문에 대부분의 구둣방이 힘들었다. 아니나 다를까, 장마가 끝나기도 전에 사장이 말을 꺼냈다.

"지금은 밥 먹여주는 것도 벅차다. 다른 데 갔다가 선선한 바람이 불기 시작하면 그때 돌아와서 일해라."

눈앞이 깜깜했다. 서울에서는 혈혈단신이나 다름없는 나에게 갈 곳이 있을 리 만무했다. 당장 어떻게 해야 할지 갈피를 못 잡고 있던 중에 몇 주 전 강원도 출신 룸메이트가 고향으로 내려가면서 했던 말이 떠올랐다. 강원도는 여름에 피서객 상대로 돈 벌일이 많으니 생각 있으면 오라는 얘기였다.

나는 당장 짐을 꾸려 지금은 사라진 동마장 터미널로 갔다. 다른 일자리가 없었으므로 선택의 여지가 없었다. 속초까지 꼬박 7시간이 걸렸다. 거기에서 룸메이트의 고향 집인 양양 산골까지한 시간이 더 걸렸다.

사방이 어둑해질 무렵 그의 집에 도착했는데, 가는 날이 장날이라고 룸메이트가 집에 없었다. 염치 불구하고 친구 없는 친구집에서 하룻밤 신세를 지기로 했다. 친구 어머니가 멀리서 손님이 왔다고 정성껏 밥을 지어주셨다. 허겁지겁 세 공기를 비우는내 모습이 안쓰러웠는지, 설악동에 가면 여름철 아르바이트 자리가 많으니 내일 아침 일찍 가보라고 했다.

다음 날 새벽에 눈을 뜨자마자 설악동을 찾아 나섰다. 주차장,구멍가게, 산장, 식당 등등 일할 수 있는 곳은 모두 찾아갔다. 그러나 해가 저물도록 일자리가 나오지 않았다. 설악동에서 안 가본 데라고는 꼭대기에 있는 산장뿐이었다. 지푸라기라도 잡는 심정으로 걸음을 옮겼다.

산장 주인은 나를 찬찬히 훑어보더니 미안한 표정으로 말했다.

"우리는 손님이 많지 않아서 먹여주고 재워주고 한 달 월급 5

만 원…."

그 말을 듣는 순간 어찌나 반갑던지! 그 당시 5만 원은 나에게 큰돈이었다. 영등포 구둣방에서는 월급 한 푼 못 받았으니, 오히려 훨씬 좋은 조건이었다.

이후 새벽부터 밤늦게까지 손님 안내, 방 청소, 자잘한 심부름까지 온갖 궂은일을 해야 했지만 나는 불평하지 않고 열심히 일했다. 주인의 말과는 달리 손님도 끊이지 않았다.

당시만 해도 설악산은 부자들의 피서지였기에 월급보다는 가외 수입이 훨씬 많았다. 오는 손님들마다 1천 원, 5천 원씩 팁을 주어서 한 달 만에 팁으로만 50만 원을 모을 수 있었다. 그때 돈 50만 원은 서울 변두리에 월세 보증금이 될 만한 큰돈이었다.

나중에 안 일이지만 그때 나는 설악동 일대에서 가장 많은 팁을 받았다고 한다. 궂은일 마다하지 않고 열심히 뛰어다닌 결과였다. 열심히 일하는 사람은 당할 재간이 없는 법이다.

영등포를 떠날 때는 돌아올 차비조차 없었는데 여름 한 철 열심히 일하였더니 월급과 팁을 합해 55만 원이 수중에 남았다. 나는 그렇게 땀 흘려 번 돈으로 경기도 성남 상대동에 보증금 50만 원에 월세 5만 원짜리 방을 얻었다. 내 손으로 마련한 첫 번째 거처였다.

나와 함께 사업을 해 본 사람들은 종종 내게 "물에 빠져도 물고기 건져서 나올 친구"라고 말한다. 구둣방에서 일이 없다고 쫓겨났는데 오히려 강원도에 가서 돈을 번 것처럼 어떤 상황에서든 포기하지 않고 무엇인가 건져냈기 때문이다.

80년대 인기 여행지였던 설악산 설악동

인생이란
무엇인가

서울 중곡동 소재 '참스제화'가 내 두 번째 직장이었다. 직장은 바뀌었지만 가죽을 꿰매고 붙이고 바닥에 못을 박는 등 하는 일은 똑같았다. 그런데 이상하게 영등포 구둣방에서 일할 때와는 달리 흥이 나지 않았다. 그때보다 훨씬 규모도 크고 대우도 좋았는데 말이다.

사춘기의 끝이라고 할 수 있는 열아홉 살에 인생에 대한 진지한 고민이 생겨난 것이다.

'이렇게 계속해서 구두 만드는 일을 해도 되는 걸까?'

구두를 만들면서도 밥을 먹으면서도 온종일 그 생각뿐이었다. 직업 적합성에서 시작해 인생의 의미에 대한 근본적인 고민으로 이어졌다. 결국 혼자서는 결론을 내리기 힘들어 똑똑해 보이는 사람이라면 누구든 붙잡고 "인생이란 뭡니까?" 하고 물었다. 아마도 모르는 것이 있으면 어떤 상황에서든 누구에게든 거침없이 물어보는 나의 질문 습관은 이때부터 시작된 것이 틀림없다.

그러나 누구 하나 속 시원히 대답해 주지 않았다. 오히려 핀잔만 들었다. 그도 그럴 것이 너도나도 먹고사는 게 바쁜 1970년대 말부터 1980년대 초였으니 내 질문은 그저 한가한 소리에 불과했다.

명확한 해답을 찾지 못하고 1년쯤 지났을 때 불현듯 무릎을 탁칠 만한 해답이 떠올랐다.

'인생이란 자기 앞에 놓여 있는 사다리를 오르는 것!'

왜 그런 생각이 들었는지 잘 모르겠지만 사다리의 이미지는 내가 막연하게 생각하고 있던 인생의 길을 정확히 그리고 있었다. 그 사다리는 그냥 사다리가 아니다. 끝이 보이지 않는 사다리다.

모든 사람들 앞에 놓여 있지만 싫으면 올라가지 않으면 된다. 오르느냐 마느냐 하는 선택은 자신이 하는 것이다.

만약 스스로가 선택하여 한 발이라도 올려놓는다면, 그것은 무엇인가에 도전하는 것이다. 직업을 선택하고 돈을 벌고 명예를 얻는 모든 과정이 사다리를 올라가는 과정이다. 높이 올라간 사람은 인생에서 성공한 사람이라는 소리를 듣는다.

이런 생각을 하고 난 이후부터 나는 한 계단씩 찬찬히 사다리를 올라간다는 생각으로 살았다. 무엇인가 이루고 나면 한 계단 올라갔다는 성취감으로 기뻤다. 인생에 대한 나 나름의 정의는 내가 살아가는 데 큰 힘이 돼주었다. 그때부터 서른다섯 살까지 한시도 쉬지 않고 열심히 달렸는데 이것이 모두 '성공의 사다리'를 오른다는 생각 때문에 가능했다.

21살 무렵 당진 고향집에서

쉼 없이 사다리를 타고 올라가다가 15년 만에 잠시 쉬면서 숨을 돌렸다. 뒤돌아보니 내 친구들 중에 나 혼자만 멀리 와 있었다. 그런데 성취감이 들기보다 외로움이 앞섰다. 친구들에게 함께 올라가자고 손을 내밀고 직원들 복지와 사회 기부를 생각한 것도 그때였다.

어쩌면 내 인생은 이때부터가 진짜 시작이었는지도 모르겠다.

내 사전에
'결근'은 없다

　스스로 인생에 대한 정의를 내린 후부터 나는 그 누구보다 정말이지 열심히 일했다. 출퇴근 시간을 아끼기 위해 월세방도 회사 근처로 옮겼고, 맡은 일은 밤을 새워서라도 끝을 보고 난 뒤에야 집으로 돌아갔다.

　그러다가 그 무렵에는 흔한 일이었던 연탄가스를 마시고 죽다가 살아난 일도 있었다. 아침에 일어났는데 머리가 깨질 듯 아프고 몸도 마음대로 움직이지 않았다. 그 와중에도 출근 걱정뿐이었다.

　'어떻게든 출근해야 해. 오늘 내가 만들어야 할 구두가 열 켤레가 넘어….'

　발이 제대로 옮겨지지 않아 10분 거리에 있는 회사까지 가는데 1시간도 더 걸렸다.

이럴 정도로 나는 결근이라는 것을 모르고 살았다. 아무리 아파도 회사에 갔고 회사의 허락이 떨어져야 쉬었다. 단순히 회사에 잘 보이려고 그런 것이 아니었다. 나는 늘 일을 앞에 두고 살았을 뿐이다.

일을 먼저 해결하고 그다음에 쉬는 습관을 들여야 한다. 그래야 일이 손안에 놓인다. 성공은 일을 컨트롤하는 데서부터 시작된다. 일에 치이다 보면 계속 끌려갈 뿐이다. '결근'이란 단어를 아예 머릿속에서 지워라.

그 무렵 회사에 나보다 세 살 많은 선임이 있었다. 일을 잘했다. 나도 일을 잘했지만 여전히 견습공이었다. 기술자인 그에게서 많이 배웠다. 그는 참스제화의 '선생'이기도 했다.

그러나 그에게는 한 가지 결점이 있었다. 사장이 자리를 비우거나 시간이 조금이라도 나면 놀 궁리부터 했고, 아프다는 핑계로 결근도 잦았다. 연탄가스를 마셔도 회사에 나오던 나로서는 그를 이해하기 힘들었다. 결국 그 선임은 얼마 안 가 회사를 그만두었다.

참스제화의 전만길 사장은 어느 정도 예상하고 있었다는 듯 그를 잡지 않았다. 오히려 나에게 제안했다.

"네가 선생 역할을 한번 해볼래?"

나는 스무 살이라는 어린 나이에 기술자 겸 선생으로 승진했다. 구두업계에서는 이례적으로 빠른 진급이었다. 내 밑에 하견습, 중견습, 상견습 몇 명이 생겼고, 그들에게 기술을 지도할 자격이 생긴 것이다.

무엇보다 사장에게 나의 성실함을 인정받은 것 같아 가슴이 뿌듯했다. 그제야 사회생활이 본격적으로 시작되는 느낌이었다.

견습공 시절에도 열심히 했지만, 기술자가 된 이후에는 정말 죽을 각오로 일했다. 기술자가 좋은 이유는 단순히 '기술자' 소리를 들어서가 아니다.

당시 구두공장은 '도급제'였다. 한 명의 기술자 밑으로 여러 명의 견습공이 있다. 이 한 팀이 책임지고 완성된 구두를 만들어 내는데, 완성품 개수만큼 기술자에게 돈이 떨어진다. 일정한 급여를 받는 견습공과는 차원이 다르다. 그러니 일 욕심 많은 내가 얼마나 열심히 일했겠는가!

성실하면
기회는 반드시 온다

구두 제작 공정은 크게 재단, 제갑, 저부 3부분으로 나뉜다. 나는 당시 구두 모양을 완성하는 저부 조립 기술자였다.

현재는 구두 제작 기술이 많이 발전했지만 저부 가공은 지금도 기술자들이 일일이 손으로 작업한다. 구두 한 켤레가 만들어지는 시간은 최소 두 시간이 걸린다. 모양도 없던 가죽이 두 시간 후에 멋진 구두로 변신하는 것을 보면 직접 만들면서도 가슴이 뿌듯하다.

그 무렵 참스제화에서 만드는 구두는 거의 다 케리부룩에 납품했다. 당시 케리부룩은 금강, 에스콰이어, 엘칸토 다음으로 큰 회사였다.

케리부룩 같은 큰 회사에서 일하고 싶었던 나는 케리부룩 사람들과 친하게 지내며 친분을 쌓았다. 그들에게 좋은 인상을 심어 준 덕분에 마침내 꿈에 그리던 케리부룩에 입사할 수 있었다.

케리부룩 본사는 인천 부평에 있었다. 자취방을 다시 회사 근처로 옮겼다.

나는 케리부룩에 출근하자마자 촌놈으로 불렸다. 케리부룩은 생산직 직원만 100명이 넘었고 창고에는 구두가 수천 켤레나 쌓여 있었다. 매일같이 커다란 트럭이 드나들었고 이런 광경을 보고 어리둥절해하니까 선배 기술자들이 촌놈이라고 놀렸던 것이다.

한편으로는 텃세도 이만저만이 아니었다. 케리부룩에서 신참과 다름없던 나에게는 손이 많이 가서 기술자들이 기피하는 구두들만 할당되었다. 시간이 많이 걸리는 모델을 받으면 그만큼 수입이 줄어들 수밖에 없다.

왜 나에게만 어려운 일을 주느냐고 따질 수도 있었다. 그러나 나는 그마저도 즐겼다. 모두 내가 거쳐야 하는 과정이라고 생각했다. 어려운 일도 싫은 내색 없이 해냈더니 점차 손쉬운 구두들이 떨어지기 시작했고 나에 대한 평가도 좋아졌다.

"어떤 일도 김원길에게 맡기면 완벽하게 끝낸다."

이런 소리들이 들리더니 자존심 센 선배 기술자들도 하나둘 내 옆에 와서 한마디씩 칭찬을 하고 갔다.

정말 일할 맛이 났다. 그래서 일부러 공장장을 찾아가 일을 더 달라고 말하는 것이 버릇이 될 정도로 일을 빨리 해치우고 열심히 했다. 얼마 지나지 않아 나는 케리부룩에서 여화女靴를 가장 잘 만드는 기술자가 되었다.

케리부룩 송년의 밤

시련은
예고가 없다

　케리부룩에서 여화 기술자로 인정을 받을 무렵, 내가 도약할 수 있는 또 한 번의 기회가 찾아왔다.

　1984년 구두 전국기능경기대회에 나가게 된 것이다. 원래는 내 차례가 아니었는데 훈련받던 친구가 힘들다고 도망가는 바람에, 내가 대신 나가게 되었다.

　그 친구는 누가 봐도 업계 최고의 기술자였다. 그가 나가면 금메달은 떼어 놓은 당상이어서 회사에서는 금메달 획득을 대대적으로 홍보할 계획이었다. 그런데 당사자가 사라졌으니 회사로서는 난감할 수밖에 없었다.

　나는 기회를 놓치지 않고 공장장에게 내가 대신 나가면 안 되느냐고 물었다. 그동안 누구에게도 말한 적은 없지만 나는 전국

기능경기대회 출전을 간절하게 바라고 있었다.

누군가의 이탈이 나에게는 하느님이 주신 기회처럼 여겨질 정도였다. 나는 기회가 왔을 때 아주 적극적이다. 더군다나 일생일대의 기회가 될 수도 있는 상황이었다.

그러나 한 가지 문제가 있었다. 나는 여화 전문인데 전국기능경기대회에서는 남화를 만들어야 하는 상황이었다. 이 때문에 선뜻 내 출전에 동의하지 못하는 공장장을 설득하는 것이 가장 큰 어려움이었다. 그도 나의 기술은 인정하지만 전혀 다른 분야에 도전해야 한다는 것에 큰 부담을 느끼는 듯했다. 결과가 좋지 못하면 '케리부룩 기술자가 입상도 못 했다'는 비판까지 감내해야 하는 상황이었다. 그럼에도 불구하고 나는 계속 설득했다. 어차피 뱉은 말이고 이번이 아니면 다시는 이런 기회가 오지 않을 것 같았다. 열흘 정도 지난 후 결국 출전 허락이 떨어졌다.

이제 내가 할 일은 오직 하나뿐. 금메달 획득만 남았다.

회사에서 나를 선택한 것은 내 기술이 최고라서가 아니었다. 나 정도의 기술을 가진 사람은 우리 회사에도 적지 않았다. 그럼에도 내가 그 대회에 출전하게 된 것은 나의 독기와 성실함을 회사에서 높게 평가했기 때문이다.

나는 점심시간 1시간도 아까워서 밥 먹는 데 20분 쓰고 40분 동안은 자리에 앉아서 일했다. 회사에서는 이런 놈이라면 사고를

칠 수도 있겠다고 판단한 것이다.

나는 대회까지 남은 70일 동안 집중훈련에 돌입했다.

과제는 이미 주어져 있었다. 구두 기술 중 제일 어렵다는 '굿이어Good year 제법'이었다. 이 기술은 바느질과 가죽창 가공 기술이 관건이다.

나는 예나 지금이나 가죽창 가공과 꿰매는 기술에는 자신이 있다. 나는 70여 일을 죽어라 꿰매고 다듬고 또 꿰맸다.

1984년 9월 제19회 전국기능경기대회. 결전의 순간이 왔다. 나는 '제화 직종' 경기도 대표(당시엔 인천이 경기도였다)로 출전했다.

경기가 시작되었다. 집중에 집중을 더했다. 특별히 실수는 없었다. 바느질도 연습 때처럼 술술 풀렸다. 마감도 산뜻했다. 다른 참가자들 중에서 가장 먼저 작업을 끝내고 의기양양하게 완성품을 제출했다.

왠지 내가 꼭 금메달을 딸 것만 같았다. 당시 금메달을 따면 500만 원이 주어졌다. 1984년 당시에 500만 원이면 서울에서 25평짜리 아파트 전셋돈이었다. 금메달 하나로 부와 명예를 동시에 갖게 되는 절호의 찬스였다.

3일 후 결과 발표일. 나는 경기도 출전 선수들과 함께 경기장에 갔다. 사장은 나에게 계속 금메달일 것이라고 말했다. 그러나 경기장에 들어서자 행사장 분위기가 좀 이상했다. 소리를 지르는 사람도 있었다. 도대체 무슨 일이지?

내용을 알고 보니 어이가 없었다. 주최 측에서 준비한 구두 재료에 심각한 문제가 있었던 것이다. 질이 떨어지는 재료를 쓰다 보니 접착제를 말리는 3일 동안 가죽이 오그라들어서 정도의 차이가 있었지만 모든 구두의 뒤축에 주름이 지고 말았다. 참가자들은 다들 울상이었다.

결국 나는 동메달을 받는 데 그치고 말았다. 바느질에 자신이 있어서 뒤축을 더 팽팽하게 만든 탓에 주름이 더 심했다. 억울했다. 재료가 쭈그러드는 건 기능의 문제가 아니었다. 확신하건대 재료만 문제가 없었다면 내가 금메달이었다.

동메달을 받고 나니 억울하기도 하고 창피하기도 하고 감정을 추스를 수 없었다. 사장은 동메달 소리를 듣고 이미 자리를 뜨고 없었다.

회사에 오니 분위기가 한층 더 심각했다. 금메달 따면 펼치려고 했던 홍보 계획이 전면 백지화됐다. 직원들은 나를 보고도 못 본 체했다. 회사에 다닐 수 없는 분위기…. 나는 휴가를 내고 무작정 부산행 열차에 몸을 실었다.

기능대회 동상 수상

실패와 좌절은
다르다

실망과 충격으로 하늘이 무너지는 듯했다.

'왜 금메달을 못 땄을까? 나에게 부족한 것은 무엇일까? 회사 사람들은 나를 어떻게 생각하고 있을까?'

지금은 사라진 완행열차 안에서 계속 생각했다.

'금메달을 땄으면 서울에 아파트 전세를 얻을 수 있었는데…, 고향 마을에 플래카드가 붙을 수도 있었는데…, 부모님에게 효도 한번 제대로 할 수 있었는데….'

생각이 여기까지 미치면 그냥 달리는 기차에서 뛰어내리고 싶었다.

부산역에 도착하여 택시를 타고 태종대로 향했다. 태종대 주변을 한참 동안 배회하다가 등대 밑 포장마차에 앉았다. 소주와 안

주를 시켜놓고 신세 한탄을 늘어놨다.

'나는 왜 이렇게 지지리 복도 없을까? 다른 사람들은 좋은 대학 나와서 좋은 회사 다니는데, 왜 내 인생은 이렇게 안 풀릴까….'

소주 반병을 먹으니 취기가 올랐다. 취한 탓인지 신세 한탄하는 것도 잠시 잊고 태종대 경치에 빠져들었다. 너무너무 멋있었다.

'멋있네! 도대체 이 멋있는 걸 누가 만들었을까? 이걸 만드는 데 얼마나 걸렸을까? 어쩜 이렇게 잘 만들었을까?'

경치에 취해 한참을 바라보다가 중요한 사실을 깨달았다. 이 아름다운 경치를 누가 만들었나 했더니, 오랜 시간 동안 끈기 있게 기다려 온 '바람'과 '파도'가 그 주인공이었다.

생각이 여기에 미치자 갑자기 나 자신이 한없이 초라해지는 것을 느꼈다. 하늘의 기술을 가진 바람과 파도는 언제 완성된다는 기약 없이도 수만 년 동안 그저 묵묵히 바위를 다듬고 있는데, 겨우 70일 훈련해 놓고 신세 한탄이나 하는 내가 한없이 부끄러웠다. 정신이 바짝 들었다.

'다시 일해야 한다.'

열망이 불같이 솟아올랐다. 그길로 손에 쥐었던 소주잔을 버리고 자리에서 일어났다.

'그래, 내 인생 내가 사는 거지. 까짓것 바람과 파도 흉내 내며 살면 되지, 못 할 게 뭐야. 저 바람과 파도처럼 끈기를 갖고 살면

되지. 나도 바람과 파도처럼 다시 도전할 것이다.'

　오기가 생기면서 인생의 반전이 일어났다. 조금 전까지만 해도 그 슬프던 동메달이 갑자기 고마워지기 시작한 것이다. 동메달의 가치가 다시 보였다.

　만약에 내가 금메달을 땄다면 바람과 파도가 끈기를 가지고 저 아름다운 작품을 만든 걸 볼 수 없지 않았나?

　그렇다. 내가 동메달을 딴 덕분에 바람과 파도의 끈기를 보고 배우게 된 것이다. 앞으로 저 바람과 파도만큼의 끈기로 도전하고 살다 보면 언젠가는 인생의 금메달도 딸 수 있으리라는 희망과 꿈을 갖게 된 것이다.

부산 태종대

금메달을 놓친 것은 큰 아픔이었지만 결과적으로 그 실패가 나에겐 엄청난 보석이 됐다. 태종대의 절벽은 실패가 좌절로 이어져서는 안 된다는 깨달음을 주었고, 이후로 나는 더욱 겸손해졌고 단단해졌다.

만일 그때 단숨에 금메달을 땄다면 세상 무서운 줄 모르고 살았을 것이고, 나중에 더 큰 실패와 좌절을 맛보았을 것이다. 동메달을 딴 덕분에 겸손을 배웠다. 방황도 많이 했지만, 금메달보다 소중한 것을 얻은 셈이다.

그 후로도 가끔 마음이 약해질 때면 나는 부산 태종대를 찾아간다. 태종대의 바위와 파도와 바람은 30년 전과 변함이 없다. 그걸 보면 각오가 다시 새로워진다. 이제는 태종대가 멀리 있는 친구 같다.

그래서 사람들이 "무슨 일로 부산에 가느냐?"고 물으면 "친구 만나러 간다."라고 답한다.

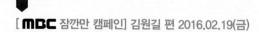

「흙수저들이여, 힘들어도 괜찮아!」

안녕하세요? 바이네르 구두 대표 김원길입니다.

지금은 한 기업의 대표로 살고 있지만,

어린 시절엔 무척 가난해서

힘겹게 살았던 시절이 있었습니다.

가난이 뭔지 너무도 잘 알기에,

열심히 하지 않으면

다시 가난해질 수 있다는 생각으로

정말 최선을 다해서 살고 있습니다.

요즘 흙수저, 금수저 얘길 하는 청년들이 많은데요,

흙수저로 살아본 사람만이

금수저의 가치를 알 수 있습니다.

쉽게 얻은 것보다는

내 노력으로 어렵고 힘들게 얻은 것이

훨씬 더 가치가 있기 때문입니다.

잠깐만~ 우~리 이제 한번 해봐요, 사랑을 나눠요~

새로운
시작

전국기능경기대회 이후 회사 사람들은 모두 내가 풀이 죽어 지낼 줄 알았다. 그러나 나는 태종대에 다녀온 후 더 열심히 일했다. 사실 당시에는 다른 사람의 시선은 별로 중요하지 않았다. 그저 최고의 기술자가 되기 위해 김원길 방식으로 부단히 노력하면 그만이었다.

그 무렵만 해도 우리 사회에는 기술자가 천대받는 분위기가 있었는데, 그건 어디까지나 겉으로 보이는 부분일 뿐이었다. 당시 내 수입은 사무직보다 몇 배나 많았다. 1980년대 중반 내 수입은 월 100만 원 이상이었다. 잘나가는 대기업 부장 수준이었다. 20대에 대기업 부장 월급을 받고 있었으니 사실 돈 때문에 아쉬울 일은 없었다.

그렇게 고소득이 가능했던 것은 도급제 때문이었다. 많이 만들수록 수입이 높아지니 나처럼 일 욕심 많은 기술자들은 매일 밤 늦게까지 구두를 만들었다.

회사 입장에서는 도급제가 마냥 좋은 것도 아니다. 구두 숫자로만 돈을 따지다 보니 품질에 문제가 생길 가능성이 크다. 기술자 입장에서도 새로운 기술을 연마하기보다는 '그저 만드는' 것에 열중하게 되는 한계도 있다.

그 시절 나에게는 아무리 고민해도 풀리지 않는 숙제가 있었다. '높은 수입을 유지하면서 구두의 질도 높이는 방법은 없을까?'

구두업계 그 누구도 그 물음에 해답을 갖고 있는 사람이 없었다. 하지만 나는 답을 얻고 싶었다. 방법은 하나였다. 그 어마어마한 질문에 답을 얻을 수 있는 길은 내가 기술자를 그만두는 것이었다.

기술자로 일해서는 죽을 때까지 구두산업 전체를 볼 수 없다. 그러나 관리 업무를 배우고 영업을 배우고 경영자가 되면 산업이 보인다. 결론이 여기에 이르자 더 이상 지체할 이유가 없었다. 1985년 나는 회사에 생산관리 부서 발령을 정식으로 요청했다.

공장장은 월급이 당시 받고 있던 월급의 반의반도 안 되는 생산관리 부서로 옮기겠다고 하자 나를 이상한 사람 취급을 했다. 결국 내 뜻대로 월급 30만 원을 받는 생산관리부 직원이 되었다.

여러 부서 중에 내가 생산관리를 택한 것은 우리 회사 품질을 눈으로 확인하고 싶어서였다. 구두 회사라면 적어도 구두를 제대로 만들어야 조직이 제대로 돌아갈 것이라고 생각했다. 나는 그렇게 새 일을 시작했다.

기술자들이 구두를 만들면 나에게 합격점을 받아야 매장으로 나갈 수 있었고, 월급은 적었지만 제품과 매장을 연결해 주는 접점에서 일을 한다는 사실이 만족스러웠다.

내가 품질관리를 맡은 후 케리부룩은 큰 변화를 겪기 시작했다. 기존의 품질관리 부서 직원들은 구두 제작 경험이 없었다. 제품이 좀 이상해 보여도 기술자들이 '모르는 소리 하지 말라'며 우기면 품질검사에서 합격점을 줄 수밖에 없었다. 하지만 나는 누구보다도 구두를 잘 알고 있었기에 작은 결함만 보여도 클레임을 걸었다. 기술자 입장에서는 피곤해질 수밖에 없었다.

이 때문에 기술자들과 하루에도 몇 번씩 부딪쳤다. 어느 날은 나 때문에 열 받는다며 한 기술자가 술에 잔뜩 취해 들어와 주먹을 날리기도 했다. 그들도 짜증났겠지만 나도 힘들었다. 한편으로는 이해가 갔다. 품질검사를 통과한 개수만큼 돈을 받아 가는데 절반은 불합격 판정을 받았으니 얼마나 열받았겠는가?

하지만 나는 물러서지 않았다. 내 입장에서는 결함이 눈에 빤히 보이는데 품질관리를 대충 할 수는 없었다.

극과 극이 대립하는 상황. 급기야 기술자들이 파업을 선언했다. 내가 품질관리를 시작한 지 6개월째 되는 날이었다.

"김원길 때문에 일 못 하겠다. 김원길을 내쫓지 않으면 우리가 모두 그만두겠다."

100명의 기술자가 작정하고 파업을 한 상황이었다. 사장 입장에서는 매출을 생각해서라도 그들의 요구를 받아들일 수밖에 없었다. 나는 그때 거기서 끝이라고 생각했다. 임금 인상을 요구하는 스트라이크도 아니고 그저 나만 자르면 끝나는 일이었다.

보고를 받은 김정현 대표가 나를 불렀다. 그의 입에서 나올 이야기는 뻔했다. 나는 사형 선고를 기다리고 있었다.

"자네가 열심히 하고 있다는 사실을 내가 다 알고 있다. 자네가 가고자 하는 길로 가게. 자네를 믿네. 여기 있는 기술자들 모두 그만둬도 좋아. 구두 만드는 기술자는 널려 있으니 다시 뽑으면 되네. 구두 품질이 가장 중요해."

그야말로 반전이었다. 사장이 내 편을 들어주리라고는 아무도 생각하지 못했다. 나의 승리였다. 내가 품질관리를 맡으면서 시장의 평판이 좋아졌다는 것을 사장은 이미 알고 있었던 것이다.

직장생활을 하다 보면 동료와 대립하는 상황이 생기기도 한다. 갈등의 순간에는 무엇이 회사를 위하는 길인지를 판단해서 배짱을 부릴 줄 알아야 한다. 잘못된 일에 뜻을 굽히면 마냥 제

자리다.

물론 무조건 배짱만 부려서 될 일은 아니다. 자기가 뱉은 말에 100% 책임질 각오를 해야 한다. 당시 케리부룩 김정현 대표는 나에게 '신뢰'가 무엇인지 알려주었고 '배짱'도 가르쳐 주었다. 참 고마운 분이다.

아랫사람에게 자신감을 심어주는 것 역시 굉장히 중요하다. "너는 할 수 있어" "네가 최고야"라는 이야기를 해주면 정말 근사한 직원으로 성장한다. 회사 생활은 자신감이 9할이다.

사장이 나 때문에 파업을 일으킨 기술자들을 등지고 내 손을 들어준 그 순간, 나는 큰 자신감을 얻었다. 이후 케리부룩에서 승승장구할 수 있었던 것도 이 자신감 덕분이었다.

1986년 강릉 경포대 하계수련회

인생2단계

'극복 Overcome'

성공의 열쇠는 학력과 자본에 있지 않다.

어떻게 하면 행복할 수 있을까?

행복의 가장 중요한 조건은 내 인생의 목적지,

즉 꿈을 갖고 있느냐 하는 것이다.

사람이라면 꿈이 있어야 하고

일이 있어야 하고

주변에 사람이 있어야 한다.

- 김원길 -

절대! 쉽게!
포기하지 마라!

나는 그 뒤 영업 관리 업무도 했는데, 영업 관리도 품질 관리만큼이나 꼼꼼하게 했다. 얼마나 정확했느냐면 그 시절 내 별명이 '컴퓨터'였을 정도다. 케리부룩에서 나오는 모든 모델 번호를 외우는 것은 기본이고, 전국 70여 개 매장의 재고상태도 줄줄 꿰고 있었다. 그러다 보니 어느 지역에서는 어느 모델이 잘나가고 어느 지역에서는 특정 시기에 구두 판매가 좋다는, 지금으로 치면 '마케팅 분석 데이터'도 내 머릿속에 이미 들어 있었다.

내가 이렇게까지 할 수 있었던 데에는 많은 노력이 숨어 있었다. 새로운 모델이 나오면 연필로 스케치하면서 기억했고 매장 재고 상태도 노트를 따로 만들어서 일일이 정리했다. 데이터가 쌓이자 손이 빨라졌다. 다른 직원이면 몇 시간 걸릴 일을 나는 단숨에 처리했다. 그러니 전국의 대리점 사장들이 나만 찾았다.

나의 입지는 계속 커졌다. 당시 나의 꿈은 케리부룩 사장이었다. 마음속 꿈만이 아니었다. 심지어 나는 과장, 부장, 전무, 상무 다 있는 자리에서 사장을 향해 "조금만 기다리십시오. 제가 사장 자리까지 가겠습니다."라고 치기 어린 선언을 하기도 했다.

당시 내 직급이 대리였으니 얼마나 기가 막혔을까? 이런 지나친 의욕이 나중에 화살이 되어 돌아올 줄은 당시에는 몰랐다.

1989년 어느 날이었다. 동인천역 인천백화점에 케리부룩 매장이 생겼다. 백화점에 진출하기 위해 전문 영업인까지 뽑았던 케리부룩으로서는 역사적인 순간이었다. 그러나 기쁨도 잠시, 입점한 지 3개월도 안 돼 백화점으로부터 철수 통보가 날아왔다.

그 소식을 듣고 나는 화가 치밀어 올랐다. '미래의 케리부룩 사장'이라고 호언장담할 정도로 애사심이 최고조에 달했던 시기여서 더 그랬다. 나는 분을 참지 못하고 회사 임원이 다 모인 자리에서 백화점에 쳐들어가 다 뒤집어엎어 버리겠다고 막말을 내뱉고 말았다. 내가 아무리 회사에서 인정받는 사원이라도 대리 입에서 나올 소리는 아니었다. 속으로 실수다 싶었다.

그런데 그때 옆에 앉아 있던 한 협력업체 사장이 백화점까지 태워다 주겠다면서 나를 부추겼다. 이미 큰소리를 친 상황에서 번복할 수도 없어 나는 곧바로 인천백화점으로 향했다.

백화점 로비에 들어서자마자 소리부터 질렀다. 점잖은 백화점에서 혈기왕성한 20대 청년이 고래고래 소리를 지르고 난리를 치자 손님들이 겁에 질려 백화점을 빠져나갔다. 백화점 관계자 수십 명이 부리나케 뛰어나왔다. 보는 사람이 많아서 힘으로 막 제압할 수도 없는 상황이었다.

한 백화점 직원을 따라 사무실로 올라갔더니 매출이 너무 안 좋아서 케리부룩 쪽에 영업 잘해 달라고 몇 번이나 부탁했는데 달라진 게 없어서 철수시킨 것이라는 이야기를 했다. 다른 회사와의 매출 차이가 너무 나서 나도 할 말이 없었다. 그렇다고 "폐를 끼쳐 죄송합니다!" 하고 물러설 수도 없는 노릇이었다. 그래서 모 아니면 도라는 생각으로 더 강하게 말했다.

"그럼 매출을 올려주면 될 거 아닙니까? 얼마면 돼요? 한 1억이면 돼요?"

막상 큰소리 뻥뻥 치고 백화점을 나왔으나 어느새 호기는 사라지고 회사 전무님을 붙잡고 "어떻게 하죠? 1억이라고 말했으니 책임은 져야 할 것 아닙니까?" 하며 전전긍긍했다. 그렇게 며칠이 지났는데 우리가 아무런 변화의 움직임을 보이지 않자 인천백화점은 기다렸다는 듯 진짜 철수시키겠다는 최후통첩을 해 왔다.

이제는 더 이상 지체할 시간이 없었다. 가족이라도 동원해서 구두 매상을 올려야 하는 상황이 된 것이다.

목표는
무조건 달성하라

나는 마지막 보루로 사장에게 일대일 면담을 요청했다. 사장은 나를 믿었다. 내 능력을 믿었다.

"어떻게 해줄까? 해 보고 싶은 걸 말해 봐."

"전단 좀 만들어 주십시오."

"좋아. 돈 걱정하지 말고 원하는 만큼 만들어."

인천 시내에 배달되는 모든 신문에 케리부룩 광고 전단을 집어넣고 인천 시내 곳곳에 '창사 30주년 케리부룩, 인천백화점 입점 기념 특별 이벤트' 현수막을 걸었다. 그랬더니 홍보 첫날 매출 50만 원을 기록했다. 이전보다 두 배가 넘는 기록이었다.

둘째 날부터는 마이크를 붙잡고 호객 행위를 시작했다. 원래 백화점은 고급스러운 이미지를 유지하기 위해 마이크 영업은 허락하지 않는데, 나는 한 달 매출 1억 원을 달성하려면 어쩔 수 없다며 막무가내로 나갔다. 그날은 매출 100만 원을 찍었다.

매출을 눈에 띄게 높이기 위해서는 보다 획기적인 아이디어가 필요했다. 나는 사장에게 원가 이하로 파는 '특가세일'을 제안했다. 그러나 사장은 손해나는 일을 왜 하느냐며 거부감을 표했다.

나는 무조건 한 번만 기회를 달라면서 한 달 1억 원 매출을 반드시 이루겠다고 설득하였고, 결국 사장은 창고에 있는 모든 물건을 나에게 절반 가격으로 맡기라고 지시했다.

우리는 가속 페달을 늦추지 않았다. 인천 시내 구석구석 전단을 뿌렸고, 매출은 200만 원, 300만 원, 400만 원… 연일 신기록을 갈아치웠다.

그로부터 며칠 후 꿈에도 잊을 수 없는 일이 벌어졌다. 아침 10시 매장 문을 열 때부터 손님이 들이닥치더니 밤 9시 매장 문을 닫을 때까지 쉴 새 없이 손님이 이어졌다. 전단을 뿌린 지 꼭 14일이 되는 날이었다. 그날 총 매출은 1,100만 원. 인천백화점 '단일 매장 일일 매출 최고 기록'이었다.

이미 목표는 달성한 것이나 다름없었다. 그날까지 약속 기한이 일주일 남아 있었지만, 누적 매출이 8천만 원이었다. 결과적으로 그달 매출은 최종 1억 1천만 원이었다.

백화점에서 난리가 났다. 칭찬을 아끼지 않았다. 케리부룩 사장도 흥분을 감추지 못했다. 손수 매장까지 찾아와 내 손을 붙잡고 수고했다는 소리를 수없이 반복했다. 공장 창고에 쌓여 있던 재고를 싹 쓸어다가 돈으로 만들어 주었으니 그럴 만도 했다.

인천백화점 판매를 계기로 마케팅을 본격적으로 시작하게 됐다. 견습공으로 시작해 기술자에서 품질관리자로 변신한 데 이어 다시 한 번 더 변신한 것이다.

재미를 붙이고 나니 마케팅만큼 신나는 일도 없었다. 창고에 가득 차 있는 재고 물량을 싹 비울 때의 쾌감은 그 어떤 것과 비교할 바가 아니었다.

이어서 나는 상승세를 타고 자신감이 충만한 상태로 더 큰 무대인 서울로 향했다. 서울의 3대 백화점을 차례로 찾아갔다. 어느 곳이든 시작만 하면 불같이 일어날 것 같았다. 하지만 서울 입성은 생각만큼 쉽지 않았다.

아무리 내가 인천에서 믿지 못할 기록을 올렸어도 "어디 지방 백화점에서 세운 기록 가지고 서울 백화점에서 명함을 내미느냐?"는 식이었다. 게다가 15%에 달하는 높은 수수료도 문제였다.

밀고 당기는 실랑이 끝에 수수료 10%에 매장 판매가 아닌 정문 앞에서 진행하는 행사 판매로 합의를 보았다. 솔직히 나는 인테리

어비 부담에다 점잖게 영업해야 하는 매장보다는 노천 행사가 더 좋았다. 겉치레야 어떻든 많이 팔면 그만이었다.

"두 켤레 사면 한 켤레는 30% 세일해 드립니다."

순간순간 아이디어를 내서 손님을 끌어모았다. 조금씩 인천백화점 대박 매출 때와 같은 분위기가 살아났다. 문득 서울 한복판에서 시원스럽게 한판 벌이고 있다는 사실이 스스로 대견스러웠다. 서울 진출 첫 달 시작과 함께 1억 원 매출을 올렸다. 이 수치는 서울 백화점에서도 놀라운 기록이었다. 결과는 대성공이었다.

업계에 소문이 나면서 국내에서 가장 콧대가 높은 백화점에서도 연락이 왔다. 그 백화점 강북지점에서 행사를 시작해 잠실을 오가며 한 달 1억 2천만 원의 매출을 올렸다. 이전 백화점보다 2천만 원 더 많았다.

"김원길이 최고야. 케리부룩 30년 역사에 이런 직원은 없었어."

케리부룩 사장이 생각지도 않았던 곳에서 돈을 벌어다 주니 체면 차리지 않고 나를 칭찬했다. 나의 회사 내 입지도 하늘 높은 줄 모르고 올라갔다. 이런 게 회사 다니는 맛인가 싶었다.

나는 더욱 목숨 걸고 구두를 팔러 다녔다. 그렇게 몇 달 동안 두 백화점을 오가며 구두를 팔았더니 회사 창고가 텅 비어 버렸다.

잘나갈 때
조심하라

구두는 빵 찍어내듯 금방 만들어지는 게 아니다. 시간이 걸린다. 창고를 모두 비워버려서 백화점 영업도 더 이상 계속할 이유가 없었다. 1990년 나는 몇 달 동안의 외유를 끝내고 오랜만에 본사 근무를 시작했다.

본사로 출근하던 날 나는 가슴이 벅찼다. 회사 매출을 역대 최고치까지 끌어올렸으니 전 직원이 나와서 환영의 박수라도 보낼 줄 알았다. 그런데 환영의 박수는 고사하고 아무도 나에게 인사조차 건네지 않았다. 마치 7년 전 내가 전국기능경기대회에서 금메달을 따지 못하고 회사에 돌아왔을 때 같았다.

하도 이상해서 가깝게 지내던 동료를 조용히 불러 물어보았다. 그의 말인즉, 나에 대해 안 좋은 이야기가 돌고 있다는 것이었다.

"김원길이 구두 판 돈을 따로 챙겼다" "부자 됐다" 등의 유언비
어였다.

참 어이가 없었다. 밖에서 죽을 각오로 일하는 동안 회사 안에
서는 엉뚱한 소문이 나돌고 있었던 것이다.

처음에는 그냥 지나치려 했다. 내가 열심히 회사에 다니면 그
런 소문은 희석되리라 생각했다.

그러나 내 생각과는 달리 관리팀에서 오히려 내가 판매한 구두
명세서로 재고 조사에 들어갔다. 더 이상 참을 수가 없어 그 즉시
사장을 찾아갔다.

"사장님 억울해서 일 못 하겠어요. 그동안 회사를 위해 목숨 걸
고 일했는데 이런 소리까지 들어야 한다는 게 너무 화가 납니다."

그래도 사장은 나를 믿어줄 거라고 생각했다. 그 많은 재고를
일순간에 해결해 준 당사자 아닌가?

"밖에 나가서 구두 한 켤레 못 파는 놈들이 어디서 입방아야!
내가 정리해 줄테니 조금만 기다려."

적어도 이런 소리가 나올 줄 알았는데 고작 한다는 소리가 "이
해해 달라"는 말이었다. 사실 다른 사람들이 어떻게 생각하든 상
관없었다. 사장만 믿어주면 그만이었다. 유언비어보다 이때의
사장 반응에 더 큰 상처를 받았다. 그 자리에서 나는 완전히 돌
아섰다.

나를 지켜주지 못하는 사장 밑에서는 일할 수 없다. 그 많은 구두를 팔아주었는데 이렇게 말하는 사장이라면 일할 필요가 없다는 생각에 그 길로 사직서를 내고 회사를 나왔다.

당시의 허탈함은 어디 비할 데가 없었다. 전쟁터에서 큰 공을 세우고 돌아온 장수가 공식적으로 역적이 된 것이나 다름없는 상황, 완벽한 따돌림이었다. 세상인심이 이런 것이라니 씁쓸하고 또 씁쓸했다.

이후 사장이 찾아와 사직서는 절대 수리할 수 없다고 했지만 나는 꿈쩍도 하지 않았다. 그 상황에서 다시 돌아간다는 건 내 모든 자존심을 꺾는 것이나 다름없었다. 그때 참 많이 울었다. 죽을 각오로 일했고 성과도 엄청난데 이런 처지가 됐다고 생각하니 눈물만 나왔다.

케리부룩과의 8년 인연이 그렇게 끝이 났다. 결과론이지만 지금 생각해 보면 오히려 나를 쫓아내준 회사가 고맙다. 독립하고 자리 잡는 과정에서 고생도 많았지만 많은 것을 배우고 이루었다. 케리부룩에서 제작, 관리, 영업까지 모두 섭렵했으나 비즈니스는 차원이 다른 세상이었다. 눈에 보이는 관계 외에 다른 세계가 공존했다. 나를 케리부룩에서 쫓아낸 사람들이 나를 넓은 세상에서 활보할 수 있게 만들어준 은인이나 마찬가지였다.

김정현 사장에게도 고맙다. 나를 내쫓은 것은 애초에 사장의 의도가 아니었다. 유언비어가 워낙 근거 있게 나돌았으니 그도 흔들렸을 뿐이다.

"케리부룩은 부도났지만 그보다 몇 배나 큰 회사를 일으켜 세운 네가 가장 자랑스럽다."

김정현 사장이 종종 나에게 연락해서 하는 말이다. 나도 그와 통화할 때면 늘 "고맙다."라고 말한다.

직장에서 조직 생활을 하다 보면 견딜 수 없을 정도로 억울한 일이 생길 때가 있다. 아이러니하게도 그런 일은 보통 한창 승승 장구할 때 생긴다. 조직에서 잘나가면 기를 꺾어놓으려고 누군가 안 좋은 분위기를 만들어내는 것이다.

그때 겸손한 마음을 갖고 있지 않으면 크게 상처받을 일이 생기거나 급격히 하락하거나 조직을 나와야 하는 입장에 처한다. 그래서 늘 잘나갈 때 조심해야 한다.

항상
더 좋은 세상은 열려 있다

1990년 나는 8년간 근무했던 케리부룩을 관둘 때 진짜 앞이 캄캄했다. 앞으로 어떻게 살아가야 할지 너무 걱정돼 8일간 울기도 했다. 그러다가 정신을 차리고 한 발 디뎌 보니 8년간 직장생활을 한 것이 그저 헛된 것만은 아니었다. 그동안 케리부룩에서 열심히 일했던 모든 과정이 내가 다른 세상으로 나갈 때 밑거름이 되어준다는 사실을 깨달았다.

결과적으로 그 시간들이 내 삶을 한 단계 더 발전시키는 토대가 된 것이다. 나에게는 케리부룩을 관둔 것이 오히려 더 넓은 세계에서 활보하며 살 수 있는 또 다른 기회나 마찬가지였다.

사실 회사를 다닐 때는 그 회사가 전부인 것 같지만, 회사 밖으로 나와 보면 항상 더 좋은 세상이 열려 있다.

나는 세계 각국을 돌아다니며 미국에 가서는 미국의 무대를 보았고, 이탈리아에 가서는 이탈리아의 무대를, 일본에 가서는 일본의 무대를, 중국에 가서는 중국의 무대를 보았다. 여러 세상을 접하다 보니, 막혀 있던 시야가 뚫렸고 새삼 내가 할 일이 정말로 많다는 것을 느꼈다.

어찌 보면 내가 다녔던 케리부룩은 이미 역사 속의 회사로 사라졌지만, 나는 지금도 바이네르가 세계에서 가장 좋은 구두를 만드는 회사가 될 것이라는 꿈을 꿀 수 있으니, 그때 회사를 그만둔 것이 오히려 내게는 여러 모로 득이 된 셈이다.

누군가 했던 말이 기억난다.

"돼지가 하늘을 보려면 넘어져야 한다."

S에너지의 홍성민 대표 또한 IMF로 S전자에서 정리해고되었을 때는 하늘이 무너지는 심정이었다고 한다. 그러나 그동안 S전자를 다니면서 착실하게 쌓아놓은 기술력과 노하우를 토대로 새로운 세상에 뛰어들었더니, 현재 코스닥 상장회사의 사장으로 자리매김할 수 있었다. 결과적으로 그에게 있어 정리해고는 오히려 시련이 아닌 엄청난 축복이었던 것이다.

누구라도 1단계의 직장생활을 충실히 하며 자신만의 경쟁력과 기술력 등의 노하우를 갖춘다면, 그 모든 과정이 2단계의 새로운 세상으로 나갔을 때 나침반 역할을 톡톡히 해줄 것이다.

내가 열심히 일했던 케리부룩이 나의 인생 사관학교였던 것처럼, 1차 직장에서 배우고 터득했던 모든 것이 여러분에게도 새로운 세상을 열 수 있는 키key가 돼줄 것이다.

나는 특히 정년퇴임, 전역, 정리해고 등으로 제2의 인생을 준비하는 사람들에게 이야기하고 싶다.

직장을 자신의 인생 사관학교라고 생각하고 열심히 일해 그 업종만의 전문성을 키운다면, 제2의 인생을 살아갈 때 더 좋은 세상으로 점프할 수 있는 기회를 잡을 수 있을 것이다.

그러니 정년퇴임했다고 해서, 정리해고당했다고 해서 너무 기죽지 말자. 그동안 쌓아올린 자신의 경쟁력을 믿고 새로운 세상으로 뛰어들어 보자. 성실하게 준비해온 사람들에게는 항상 더 좋은 세상이 열려 있을 것이다.

위기는
예고 없이 찾아온다

1990년 나는 특별 퇴직금으로 받은 200만 원으로 구두 부속품 공장을 만들었다. 회사 이름은 내 이름을 따서 '원길상사'라고 지었다. 독립은 언젠가 해야 할 일이라고 생각했지만 그렇게 급작스럽게 올지는 몰랐다.

한동안 마인드 컨트롤이 되지 않았다. 타의로 회사를 나왔다는 억울함과 빨리 성공해야 한다는 조급함이 교차하는 상황이었다.

케리부룩에서 일할 때는 그런 일이 없었는데 내 회사를 가지고 나니 결제 시한이 지나도 거래처에서 대금을 지불하지 않았다. 독촉을 해도 소용없었다. 곰곰이 생각해 보니 그것도 이해가 되었다. 거래처에서는 인간 김원길을 보는 것이 아니었다. 원길상사를 본 것이다. 신생회사라고 다들 쉽게 여겼다.

나에게도 문제가 있었다. 사업 경험이 없다 보니 거래처 보는 안목이 부족했다. 일은 계속 꼬여만 갔다.

창업하고 1년쯤 지난 어느 날 거래처를 다녀오다가 케리부룩에서 영업할 당시 알고 지내던 백화점 관계자를 만났는데, 내가 사직하고 나서 매출이 매번 꼴찌여서 거래를 끊었다고 했다. 그러면서 내가 다시 오면 생각해 볼 수 있다고 했다.

나는 그길로 케리부룩 사장에게 전화를 걸었다. 백화점에서 내가 구두 가져오면 자리 제대로 주겠다고 하더라는 말을 전했더니, 사장이 당장 가져다 팔라면서 무척 반겼다. '김원길 표' 현장 영업이 다시 시작된 것이다.

두 달 만에 나는 또 케리부룩 창고에 쌓여 있던 재고를 다 팔아치웠고 사장은 내게 슬쩍 회사로 다시 돌아올 마음이 있는지 물었으나 나는 거절했다. 돌아갈 마음이 있었다면 1년 전에 승낙했을 것이다.

나는 "차라리 로열티 계약을 맺자."라고 제안했다. 그렇게 케리부룩과의 인연이 다시 이어졌다. 1993년 '(주)원길'이라는 법인을 세워 구두를 만들고 케리부룩 상표를 붙여서 팔기 시작한 것이다. (주)원길에서 '케리부룩 서울지사'라는 법인도 따로 만들었다.

우리가 직접 구두를 만들기 시작하면서 마진도 커졌고 로열티라고 해봐야 크게 부담되지 않는 금액이었다. 이 무렵이 창업 이

후 처음으로 기지개를 켜기 시작한 때였다.

1990년대 초는 세계 경제 시장의 대변혁기이기도 했다. 수십 년째 닫혀 있었던 중국, 러시아 등 거대 시장이 봇물 터지듯 열리면서 신규 시장이 새롭게 만들어졌다. 이 때문에 거의 모든 기업들이 마치 엄청난 기회를 만난 듯 씀씀이를 키웠다.

규모 확대 분위기에 합류하기는 구두업계도 마찬가지였다. 정확하게 파악되지 않은 '가상의 시장'을 마치 손에 쥐기라도 한 듯 다들 생산량을 늘리고 상품권을 대량으로 발행했다. 케리부룩은 그때부터 급격하게 무너지기 시작했다. 1992년 1차 부도, 1994년 2차 부도에 이어 1995년 본사도 문을 닫게 되었다.

우리 회사도 덩달아 힘들어지고 말았다. 새로운 브랜드가 필요했다.

1994년 3월 안토니오 제화(주) 법인을 설립하고 지금 '안토니'의 모태가 된 '안토니오'라는 자체 브랜드를 만들었다. 그러나 이 생소한 브랜드는 시장에서 별 반응을 얻지 못했다. 창고에 구두가 쌓여갔다. 돈은 돌지 않았다. 케리부룩이 1차 부도가 났던 1992년부터 4년 동안 최악의 상황이 계속되었다.

죽기 아니면
살기의 각오로

　당시 나는 경영에는 완전한 초보나 다름없었다. 탄탄한 회사도 언제든지 위기가 찾아올 수 있다. 하물며 이제 몇 걸음 떼지 않은 (주)원길은 작은 위기에 뿌리까지 흔들릴 수 있는 상황이었다. 그것을 나만 모르고 있었다.

　첫 번째 위기는 케리부룩이 무너지면서 곧바로 찾아왔다. 게다가 자체 브랜드 안토니오는 시장에서 반응이 없었다. 이로 인해 자금 회전이 딱 멈춰버렸다. 어음 날짜가 돌아오는데 협력업체에 보낼 돈이 없어서 여기저기서 돈을 빌려다 겨우 메우는 상황이 몇 년 동안 반복되었다.

　구두 시장이 갑자기 급팽창할 리도 없고 결국 팔릴 만한 브랜드를 만들거나 해외에서 들여와야 했다. 그러나 둘 다 몇 년이 걸

릴지 모를 일이었다. 꼭 깊은 늪에 빠진 느낌이었다. 다 잘될 것이라 생각하고 마음먹고 사업을 시작했는데, 자본도 없고 배운 것도 없던 흙수저 출신인 내게 세상은 결코 만만하지 않았다.

고통의 시간이었다. 집에 가서 자려 해도 잠이 오지 않았다. 1년, 2년, 3년, 4년 정도 버티니까 힘이 다 빠지고 머리카락도 다 빠졌다. 사업 스트레스로 불면증에 탈모까지 온 것이다. 1년에 빚이 4억 원씩 늘었다. 하루에 두 시간도 채 자지 못하는 극심한 불면증과 가중되는 스트레스는 사람을 막장까지 밀어 넣었다.

아무리 노력해도 앞이 보이지 않아 결국 세상을 포기하려고 마음먹었다. 자동차를 몰고 한강으로 돌진하려 한 것이다.

그런데 액셀러레이터를 밟으려던 바로 그 순간, 내가 이대로 남의 돈을 떼어먹고 죽어버리면 사람들은 내가 죽어서도 나를 저주할 것이라는 생각이 들었다. 더군다나 내가 이대로 죽어버리면 그 저주가 내 자식들한테까지 갈 것이라 생각하니 액셀을 밟으려야 밟을 수가 없었다. 정신이 번쩍 들었다. 죽어서도 저주를 받는 것보다는 차라리 일을 하다가 죽으면 동정이라도 받을 수 있지 않겠는가.

이후부터 정말 죽기를 각오하고 일에 매진했다. 고객이 좋아하는 것을 찾아내고 고객의 원츠wants를 해결하기 위해 죽기 살기로 뛰어다니다 보니, 마침내 우리 회사에서도 히트상품을 만들게 되었다. 막상 히트상품을 만들어 내니 그동안 그렇게 힘들었던 모든 것이 한 방에 끝나버렸다. 4년간의 고생이 결코 헛된 것이 아니었다.

그리고 지금은 그 당시 내가 죽으려고 자동차를 몰고 갔던 바로 그 한강에서 수상스키와 파도타기 등을 즐기고 있다.

어음 결제 대금은 일단 지인들의 도움으로 막아냈다. 평소 나를 아껴주었던 두 명의 선배가 돈을 빌려주었다. 자금 문제가 풀리자 품질 관리에 전념할 수 있었다. 케리부룩에서 나와 독립을 하고 4년 동안 정신없이 달려왔지만 달려오는 동안 현안을 쳐내기 바빴지 진짜 경영이라고 말하기 힘들었다. 이제 진짜 승부를 걸 때가 된 것이다.

가장 시급한 것은 구두 시장 트렌드를 잡아내는 일이었다. 그때까지 우리나라 구두 시장은 정장화와 캐주얼화를 뚜렷하게 구분하고 있었다. 대학을 졸업하고 일단 사회생활을 시작하면 캐주얼화는 신지 않았다.

그런데 가만히 살펴보니 구두 시장에 작은 변화가 일고 있었다. 겉은 정장화지만 소재는 가벼운 기능성 구두가 조금씩 시장을 넓히고 있었던 것이다. 소비자들이 '편안한' 구두를 찾기 시작한 것이 그 무렵이었다.

사실 정통 정장화는 단정한 느낌을 주기는 하지만 딱딱하고 불편하다. 경직됐던 1980년대를 지나고 1990년대 들어 사회가 실용적으로 바뀌면서 구두 트렌드도 실용적으로 바뀌고 있었던 것이다. 편안함을 강조한 미국의 사스SAS 구두가 국내 시장에서 좋은 평가를 받기 시작한 것도 그때였다.

이런 흐름을 읽고 나니 답은 이미 나와 있는 것이나 마찬가지였다. '편안한 구두', 컴포트슈즈 시장을 공략하라!

품질과 판매는 자신이 있었다. 필요한 것은 브랜드였다. 세상에서 가장 편안한 구두를 만들어낸들 브랜드가 없으면 팔 수가 없다. (주)원길에서 만들어낸 '안토니오'(후에 '안토니'로 바뀜) 제품의 판매가 부진했던 것도 브랜드 파워가 약했기 때문이다. 무엇보다 소비자의 마음을 끌 만한 브랜드가 필요했다.

목이 마르면
우물을 파라

1994년 밀라노 미캄 구두 박람회MICAM 1994 현장에 무작정 찾아갔다. 매년 밀라노에서 열리는 이 행사에는 전 세계 2,000여 개 구두 제조업체들이 참여한다. 웬만한 브랜드는 거의 다 만날 수 있는 곳이다. 그중 절반은 구두가 국가사업이라고 할 만한 이탈리아 업체들이다. 그 안에서 세상이 미처 모르고 있는 보석 같은 브랜드를 찾아내야 한다.

혈혈단신 이탈리아로 떠났던 나는 행사가 진행되는 3일 동안 2,000개 업체를 전부 뒤졌다. 잠시도 쉴 겨를이 없었다. 그렇게 관찰을 거듭해 찾아낸 것이 바로 이탈리아 코디바CODIVA사의 바이네르VAINER 브랜드였다. 거의 모든 이탈리아 구두 회사들은 패션 구두를 선호하는 데 반해, 코디바사社는 편안한 기능성 구두를 만들고 있었다.

제품은 마음에 쏙 들었다. 문제는 협상이었다. 이탈리아에서도 인정받는 중견 회사가 한국의 신생 회사의 손을 덥석 잡을 리 만무했다.

예상대로 바이네르 관계자는 아주 사무적이었다. 나를 못 미더워하는 빛이 역력했다. (주)원길이 워낙 인지도가 없고 행색도 초라한 데다가 협상팀이라고는 통역사를 제외하면 나 혼자였으니 그런 태도도 무리는 아니었다.

"3,000켤레!"

내가 부를 수 있는 최대한을 불렀다. 계약을 맺기 위해서는 그 방법밖에는 없었다. 코디바사社 관계자가 놀라서 나를 쳐다봤다. 당시 3,000켤레 가격 1억 5천만 원은 그들에게도 적지 않은 금액이었다.

나로서는 엄청난 모험이었다. 그때까지 자금 문제가 완전히 해결되지 않은 상태였으므로 이 3,000켤레가 팔리지 않으면 그야말로 끝장이었다.

나는 한국으로 돌아오자마자 다음과 같은 문구로 전단지를 만들었다.

"구두의 본고장 이탈리아에서 만든 편안한 구두, 바이네르"

이 전단지를 들고 뉴코아백화점과 롯데백화점을 돌자, 딱 두 달 만에 3,000켤레가 다 팔렸다. 우리나라에 컴포트슈즈 시장이 열리고 있는 것은 확실했다. 바이네르 구두가 시장에서 좋은 반응을 얻으면서 우리 회사는 위험한 고비를 넘길 수 있었다.

　그런데 문제는 수급이었다. 이탈리아에 주문을 넣으면 두 달은 지나야 구두를 받아볼 수 있었다. 그러다 보니 잘 팔려도 걱정이고 안 팔려도 걱정이었다. 잘 팔리면 물량이 없고 그걸 감안해서 한꺼번에 많이 들여오면 보관이 문제였다.

　경영을 하려면 어느 정도 예상치가 있어야 계획을 짜는데 매일 위태로웠다.

　몇 번 거래를 하고 나서 코디바 측에 "우리와 계속 거래하려면 일정량은 한국에서도 만들어야 한다. 라이선스를 달라"고 요구했다.

　바이네르 라이선스는 내가 궁극적으로 노리는 부분이기도 했다. (주)원길은 구두판매 대행회사가 아니라 구두 제조회사다. 외국 수입제품 판매가 주가 돼서는 미래가 없다. 결국 우리가 만들어야 하는데 바이네르 라이선스가 그 해답이었다.

　코디바 측에서는 빨리 답을 주지 않았다. 몇 번 거래가 있었지만 여전히 우리를 파트너로 생각하지 않았다. 하지만 6개월 동안 끈질기게 쫓아다녀서 마침내 1996년 이탈리아 코디바CODIVA사와 바이네르 한국 라이선스 판매권을 체결할 수 있었다.

　바이네르 라이선스를 따 오면서 그간의 물량 확보 문제가 해결

됐다. 완제품 수입과 국내 제작을 적절하게 배합할 수 있게 된 것이다. 바이네르 브랜드가 한국에 정착하고 우리 회사가 안정을 찾기 시작한 것도 이 무렵부터였다.

결론은 품질이다. 아무리 마케팅 능력이 뛰어나고 자본이 넘쳐도 품질이 떨어져서는 제조업에서 성공할 수 없다고 생각한다. 이러니저러니 해도 영업 부진의 가장 근본적인 이유는 품질인 것이다.

코디바 측에서도 거래를 계속하면서 우리의 기술과 품질을 인정하기 시작했다. 우리가 만드는 바이네르 구두가 자신들 것과 별반 차이가 없다는 것을 알게 됐다. 그들과 신뢰가 깊어진 것은 서로 기술적인 부분에서 만족하기 시작하면서부터다.

꿈을
현실로

우리 회사의 대표 상품 '바이네르'는 구두 브랜드이기도 하지만 이 브랜드를 만든 사람의 이름이기도 하다. 그는 생전에 나를 참 좋아했다. 젊은 나이에 좋은 구두 찾는다며 이탈리아를 헤집고 다니는 게 예쁘게 보였던 모양이다. 우리 회사가 어렵다는 것을 알고 1996년 바이네르 한국 라이선스 계약을 맺을 때 로열티 없이 사용하게 해주었다. 또한 그는 나에게 용기도 많이 주었다.

"한국에서는 네가 사장이니 네 마음대로 해라."

사석에서 그가 나에게 해주었던 이 말은 두고두고 큰 힘이 됐다. 라이선스 계약을 맺을 때도 "김 사장은 구두 기술도 있고 용기도 있으니 분명 성공할 것"이라며 어깨를 두드려주기도 했다.

그에게서 베푸는 즐거움도 배웠다. 그는 내가 이탈리아에 가면 현지에서 가장 맛있는 것을 사 주곤 했다. 나뿐만 아니라 주변 사람들에게도 많이 베풀었다. 그는 기업 경영을 통해 얻는 이익은 사회와 나눠야 한다는 생각을 가지고 있었다. 꼭 아버지 같고 형님 같아서 1년에 서너 번씩은 꼭 만났다.

코디바의 바이네르 회장이 살아계실 때까지는 아무런 문제가 없었다. 2001년 그가 세상을 뜨면서 상황이 변했다. 사업을 물려받은 그의 아들은 창업주 아버지와 달랐다. 의무 수입량을 늘렸고 라이선스비도 새롭게 책정했다.

그러나 여전히 바이네르에 많이 의존하고 있었던 우리로서는 그 요구를 받아들일 수밖에 없었다. 당장 돈은 더 들어갔지만 궁극적으로는 우리가 얻은 게 더 컸다. 계속 바이네르에만 의존해서는 안 되고 자체 브랜드를 만들어야 한다는 자각을 일깨워 주었기 때문이다.

코디바 측에서는 "한국에는 '너'가 아니어도 할 사람이 줄 서 있다."며 배짱을 튕겼다. 힘든 날이 시작되었다.

참으로 슬펐다. 그 먼 바이네르 이탈리아 공장(로마에서 승용차로 6시간)까지 찾아가서 "그 구두 나에게도 팔아라."라고 많은 한국 사업가들이 매달렸다. '우리들끼리 이러면 안 되는데…. 이탈리아 사람들이 우리를 보고 속으로는 즐기면서 얼마나 비웃을까….'

그래서 나는 결심했다. '내 브랜드'를 만들 것이다. '안토니' 브랜드는 그렇게 탄생했다. 이전에는 회사 이름으로만 쓰던 것을 브랜드로 런칭한 것이다.

이 '안토니'는 스토리가 좀 있다. 원래 1990년대 초 케리부룩에서 독립했을 때 '안토니오'라는 이름으로 구두를 제작한 적이 있다. 외국 브랜드가 흔하지 않을 때라 반응이 좋았다.

그러나 '안토니오 루디'라는 이탈리아 브랜드에서 자사 브랜드 무단 사용에 이의를 제기했고 우리는 '안토니오'라는 이름을 쓸 수 없게 돼서 2008년 안토니(주)로 법인 상호를 변경하고 '안토니'로 상표 등록을 하게 됐다. 이처럼 힘들게 탄생한 '안토니'가 이후 효자 노릇을 톡톡히 하고 있는 것이다.

어쨌든 바이네르 회장의 아들이 경영에 등장하면서 유럽과 홍콩, 양쪽에 동시상장을 준비하기 시작했는데 요구사항은 날로 더 많아졌다.

그때 하늘로부터 도움을 받았다. 얼마 지나지 않아서 유럽발 금융위기가 이탈리아를 초토화시키기 시작했다. 우리나라도 IMF 때 하루 평균 부도나는 기업이 100개가 넘었다고 했다. 이탈리아에도 이런 현상이 3년 정도 지나서는 더 심해졌다.

그 무렵 회장 아들을 가장 많이 괴롭힌 CEO가 있었다. 아들은 회사에서 마음이 거의 떠난 상태였다.

"저 CEO는 나를 너무 힘들게 한다. 저 친구 때문에 일을 못하겠다. 저 CEO가 투자를 좀 많이 했는데 막차를 타서 자기 돈 때문에 그럴 것이다."라고 하소연을 했다.

들고 있던 내가 화를 내면서 "대체 얼마나 투자했기에 그러느냐?"고 물었다. 약 50억 원 정도라고 했다. 그래서 내가 바로 "50억 원? 그 정도는 내가 바로 줄 수 있다."라고 큰소리를 쳤다.

그때는 바이네르 브랜드를 버린다는 생각까지 가졌고 뺏어버릴 생각도 있었다. 그리고 귀국했다.

일주일이 지나 아들에게 전화가 왔다. 내 말이 사실이면 나에게 넘기겠다는 것이었다. 그때부터 인수가 시작되었다.

따지고 보면 우리나라 사업가들이 이탈리아에서 경쟁하는 바람에 더 많은 비용을 지불해야 했다. 우리들끼리는 그러지 말고 도우면서 살아야 하는데, 적어도 해외에서 우리 국민들끼리는 폼나게 일합시다!

바이네르를 인수한 후에는 상황이 완전히 역전되었다. 예전에 내가 만나자고 할 때도 3일씩 걸리던 사람들이, 이젠 내가 연락도 없이 이탈리아 공항에 내리면 딱 서서 대기하고 있다가 인사를 한다. 그럼 나는 그들을 향해 '아, 그래 열심히들 하고 있지.' 하며 어깨를 툭툭 쳐준다. 이 얼마나 통쾌한 전세 역전인지 모르겠다.

내가 즐겨 읽는 탈무드에 이런 문구가 있다.

누가 가장 똑똑한 사람인가?
모든 경우, 모든 사물에서 무엇인가를 배울 줄 아는 사람이 똑똑한 사람이다.

누가 굳센 사람인가?
자기 자신을 누를 수 있는 사람이 굳센 사람이다.

누가 가장 풍족한 사람인가?
자기 자신의 몫에 불만이 없이 만족하는 사람이 풍족한 사람이다.

내가 지은 〈힘들어도 괜찮아〉의 가사와도 일맥상통한다.

힘들어도 괜찮아, 힘든 건 나의 추억이니까.
때로는 힘들어 쓰러지면 오뚝이처럼 일어날 거야.
지금은 세찬 눈보라 힘들겠지만 이 순간 지나가고 나면 봄날은 온다….

오히려 힘든 과정을 거쳐 여기까지 오니까 더 가치 있는 것이
다. 쉽게 얻는 것은 그만큼 쉽게 잃고 가치가 없지 않은가!

[1994 - 1996]

1994.03 안토니오제화(주) 법인 설립

1996.06 이탈리아 CODIVA사와 VAINER 한국 라이선스 판매권 체결

1998.02 수출유망중소기업 선정 - 중소기업진흥공단

1998.12 업무전산화(업계 최초 ERP개념 도입, 포스시스템 도입)

　　　　 하반기 소비자인기상 수상(문화일보)

[2000 - 2006]

2000.04 고양시 유망중소기업 선정

2000.07 자동화 설비 도입(FC4 AUTOMATIC SYSTEM)

2000.09 ISO9001 인증 취득

2000.12 개발팀 해외교육기관 위탁교육 시행(ITALY ARS GROUP)

2002.07 본사사옥 및 공장 설립

2002.10 고양시 우수중소기업 표창

2004.08 수출유망중소기업 선정 - 중소기업진흥공단

2005.01 고양시 우수중소기업 표창

2006.08 SBS 〈대한민국 중소기업의 힘〉 방송(8월/12월 2회 출연)

2006.12 기술혁신형 중소기업(INNO-BIZ) 선정

　　　　 SBS라디오 〈이명천의 성공 플러스〉 출연

자랑스러운 중소기업인 표창(2012.04)

[2007 - 2017]

2007.01 이탈리아 디자이너 LUCA GOBBI와 디자인개발 협력계약 체결

이탈리아 CLAROCCA(챠로카)사와 콤포트화 기술협력 및 ANTONI

현지생산 도입, 벤처기업 선정

2007.05 안토니장학생 선발(35명)

모범중소기업인 멤버십회원(중기청 선정)

바이네르 '孝' 콘서트(고양어울림누리, 1,200명 관람)

제1회 바이네르 건강걷기축제(5/6, 호수공원, 2만여 명 참가)

2007.09 2007년도 경기도 유망중소기업 선정

2007.12 2007 하반기 경인일보 히트상품 선정(의류/제화 분야)

2008.04 안토니(주)로 법인상호 변경

2008.05 중소기업인 국무총리상 표창

2009.11 기업부설연구소 설립(디자인연구소)

2010.01 기술혁신형 중소기업(INNO—BIZ) 선정, 고양시장 표창장

2010.05 경기도지사 표창장

2011.05 한국상품학회 대한민국상품대상 수상

2011.12 명예 옴부즈만(제화 분야)

2012.04 중소기업청장 자랑스러운 중소기업인 표창

2012.05 철탑산업훈장 수훈

2013.03 아름다운 납세자상 표창

2014.06 일하기 좋은 으뜸기업 선정 – 중소기업진흥공단

2015.09 바이네르(주)로 법인상호 변경

2017.10 경북대 '김원길 창업스쿨' 설치 협약

철탑산업훈장 수훈(2012.05)

우리 회사의 금기어는 '불경기'

구두 매출도 다른 기호품과 마찬가지로 경기의 영향을 받는다. 소비자 입장에서는 벌이가 시원치 않을 때 굳이 새 구두를 사서 신을 이유가 없다. 그런데 구두는 기호품이기도 하지만 필수품이기도 하다. 누구나 경기에 상관없이 구두를 신을 수밖에 없다.

어떤 상황에서든 우리 회사에서는 '불경기'란 단어 자체가 금기어다. 내가 용납하지 않기 때문이다. 금기시하지 않았을 때는 어째 일을 잘하지 못하는 직원일수록 매출 부진에 대해 자신의 책임을 묻기보다는 불경기 탓만 했다.

만약 예상치 못한 불경기가 시작됐으면 불경기에 어울리는 구두가 무엇인지 고민하고 적절한 상품을 시장에 출시해야 한다. 실제로 그렇게 하면 타격을 어느 정도 줄일 수 있다.

엄밀히 말해서 구두가 안 팔리는 것은 팔리는 구두를 만들지 못했기 때문이지 경기 탓이 아니다. 매출 부진의 원인을 외부 탓으로 돌리는 것은 불경기이니 그냥 굶어 죽겠다는 소리와 다르지 않다.

내가 케리부룩에서 백화점 영업을 할 때는 매장으로 가지고 나간 구두를 다 팔기 전에는 회사에 들어오지 않았다. 이건 나만의 철칙이었다. 그렇다고 내가 지금 직원들에게 그렇게 하라고 강요하지는 않는다. 하지만 적어도 이런 생각과 마음 자세를 갖는 것은 중요하다.

나는 그 무렵 그 많은 구두를 다 팔 때까지 정말 고생을 많이 했다. 몇 시간 동안 파리만 날릴 때도 있었고, 고객 항의를 받아주다가 다른 손님 여러 명을 놓치기도 했다. 그래도 어떤 상황에서든 끝까지 다 팔고 나서야 회사로 돌아왔다. 어떻게 하든지 간에 열심히 고민하면 길이 보인다.

더더욱 우리 바이네르는 바늘 한 점 흐트러짐 없는 구두만 내보낸다. 그러니 못 팔 이유가 없다.
"불경기여서 손님이 없어요."
이런 소리는 핑계이자 직무유기일 뿐이다.

생산라인

현재 우리 회사는 국내 '컴포트화' 1위 기업이다. 경기도 고양 공장에서 100여 명의 구두 장인이 매일 1,000켤레의 수제 컴포트화를 제작하고 있다. 신발 종류도 구두, 골프화, 스니커즈, 운동화 등 200여 종에 이른다.

2017년에는 프로골퍼 최경주 선수와 골프화 후원 계약을 체결했는데 이를 계기로 미국에 수출하고 매장도 열 계획이다. 최경주 선수가 경기하다 보면 14번 홀 정도에는 발이 불편해 골프화 끈을 조절했다고 한다. 그런데 우리 회사가 만든 골프화를 신고 나서는 그런 일이 없어졌다고 해서 무척 자부심을 느꼈다.

미국뿐 아니라 올해에는 인구 30억인 아시아 시장 진출도 계획하고 있다. 그동안 아시아인의 발 모양에 맞게 개발해 둔 신제품을 갖고 현지 판매 업체와 아시아 시장 진출 시기를 조율하고 있는 것이다.

어느 분야든 마찬가지겠지만 신발 시장도 무섭도록 빠르게 변하고 있다. 고객들의 목소리를 듣고, 계속 변화해야만 생존하고 성장할 수 있다. 이를 위해 우리 회사에서는 이미 발 빠른 정보 데이터베이스DB를 구축했으며, 이를 바탕으로 고객 맞춤형 서비스를 강화해 나갈 것이다.

올해는 최저임금 인상 등으로 인해 협력업체의 원부자재 가격이 많이 올라 다소 어려운 경영 환경이 이어지고 있다. 그러나 지금껏 그래왔듯 우리 회사는 앞으로도 계속 "살길은 오로지 '좋은 제품'과 '서비스를 제공'하는 것"이라고 믿으며 이를 실천해 나갈 것이다.

철탑산업훈장[대통령]

국무총리상 표창장
[행정안전부]

자랑스러운 중소기업인 선정
[중소기업청장]

「 불경기는 없다 」

안녕하세요? 바이네르 구두 대표 김원길입니다.

사업을 시작한 지 올해로 26년 되는데요,

지금까지 한 번도 불경기가 아니었던 적은 없었습니다.

직원들과 '불경기'라는 말을 함께 공유하다 보니

할 수 있는 게 아무것도 없었습니다.

그래서 저희 회사에서는 '불경기'를

금기어로 삼고 있습니다.

우리가 만든 구두가 안 팔리면 불경기일까요?

그건 아닙니다!

항상 연구 개발해서 세상이 좋아하는 제품을 만들면

'불경기'는 멀리멀리 도망갈 테니까요.

잠깐만~ 우~리 이제 한번 해봐요, 사랑을 나눠요~

힘들 땐
미래를 그려보자

나는 1985년 스물다섯 살에 처음으로 50세의 내 모습을 상상해 보았다.

그 무렵은 내가 구두 기능대회에 나가 메달을 따서 돈을 잘 벌 때였다. 그때 월급이 100만 원 정도였는데, 당시 월급쟁이치고는 꽤 잘 버는 축에 속했다.

그런데 막상 50세의 내 모습을 상상해 보니 일개 구두 기술장이에 불과할 뿐 폼이 안 났다. 당연히 성에 차지 않았다.

그때부터 '미래의 내 모습을 어떻게 바꿀까?'에 대한 고민에 빠졌다. 숙고 끝에 나는 더 이상 기술자가 아닌 관리자의 길로 방향을 전환해야겠다고 결론을 내렸다. 왜냐하면 기술공은 기껏해야 하루 20켤레 만들어내는 데 그치지만 관리직은 하루에 천 켤레고

만 켤레고 잘 만들 수 있는 생산의 능력자가 된다. 이것이 내 인생의 터닝 포인트였다.

그러나 나는 중졸 학력 때문에 관리직으로의 진출이 난관에 부닥쳤다. 그럼에도 포기하지 않고 길을 찾으니 길이 열렸다. 월급이 20만 원에 불과한 포장반으로 넣어달라고 조른 끝에 부서 바꾸기에 성공했다. 포장반은 관리직에 속했기 때문이다.

졸지에 월급이 5분의 1로 줄었으니 그 무렵 얼마나 힘들었겠나? 그래도 나는 나의 미래 모습을 상상하며 견뎌냈다.

회사 동료들은 그때 나를 보고 다들 미친놈이라고 했다. 그런데 현재는 오히려 나를 부러워한다. 그들은 지금도 월급쟁이거나 은퇴해 놀고 있지만 나는 아직도 현역에서 신나게 일하며 경영자로 활동하고 있기 때문이다. 당장의 손해를 감수하더라도 항상 도전하며 폭넓게 배우고 노력하는 자세가 얼마나 중요한가를 또한 번 깨달을 수 있는 것이다.

바이네르를 운영하면서 내가 꿈꾼 미래는 '이탈리아 진출'과 '세계시장 석권'이다. 이런 이야기를 하면 놀라는 사람들이 많다. 아직까지 우리나라가 구두 잡화 분야에서 명품 브랜드를 배출하지 못했으니 놀라는 것도 무리는 아니다. 하지만 이것 역시 선입견에 불과하다.

우리의 기술도 많이 올라왔다. '명품' 강박에 빠져 있는 이탈리아는 맵시를 중요시한다. 디자인 능력은 뛰어나지만 기술적인 면에서는 우리와 별 차이가 없다. 디자인을 강화하고 편안함을 강조한다면 충분히 승산이 있는 게임이다.

우리가 명품 구두 시장 석권을 목표로 삼는 데는 그만한 이유가 있다. 우리가 만들고 있는 바이네르와 안토니 구두는 전문가들로부터 기능이나 디자인 두 분야의 완성도가 모두 높다는 평가를 받고 있다. 컴포트슈즈 시장, 특히 여화 제작 기술은 우리가 '세계 1등'인 것이다. 디자인과 완성도 두 가지가 바로 명품의 조건이다. 그중에서도 우리는 기술 비중이 조금 더 높은 명품 구두를 만들 것이다.

더군다나 우리는 지금보다 미래가 더 밝다. 연구진이 더욱 두터워지고 있고 기술적인 노하우는 더 이상 경쟁자가 없을 정도로 많이 쌓였다. 우리 회사 기술을 배우려고 해외에서 많이 찾아온다. 이제 해외에 널리 알리는 일만 남았다.
나는 기회가 생길 때마다 직원들에게 이야기한다.
"세계시장 점령은 시간문제다!"

인생3단계

'성공 Success'

성공은 쉬운 것이다.

어떤 상황이든 즐길 수 있고 이겨낼 수 있다면

누구나 성공할 수 있다.

- 김원길 -

성공이란?

　사람이라면 누구나 성공을 꿈꾼다. 그러나 돈만 많이 번다고 성공하는 것은 아니다. 진정한 성공은 출세나 막대한 부를 이루는 것, 혹은 권력을 얻는 것과는 큰 관련이 없다고 생각한다.

　사람은 태어날 때부터 이 세상에서 많은 도움을 받고, 또 이 세상을 위해 여러 가지 기여를 한다. 그러므로 내가 받는 것보다 남에게 주는 것이 크면 클수록 진정한 성공에 가까운 것이 아닐까?

　나는 이런 가치관 아래 오랜 고심 끝에 성공의 정의를 다음과 같이 내렸다.

"성공이란 내가 행복하고 남에게 존경받으며 사는 것이다."

　기업은 사장 한 명으로 존재하는 것이 아니다. 사장과 직원들이 함께 만들어 가는 것이다. 그러므로 위의 정의는 우리 직원들과 함께 내렸다.

그렇다면 어떻게 해야 남에게 존경받고 행복해질 수 있을까?

존경받는 기업이 되기 위해선 '나눔'과 '베풂'의 미덕이 전제되어야 한다. 우리 회사는 매년 20%씩 성장해 왔다. 그만큼 사회공헌 비용 역시 꾸준히 증액했다. 우리 회사 규모로 봤을 때 다소 큰돈이다. 그러나 돌아오는 것은 훨씬 크다.

국립암센터 발전기금 전달

언론매체를 비롯한 사회 이곳저곳으로부터 존경의 소리가 들리기 때문이다. 그런 소리들이 들릴 때면 직원들도 사회에 좋은 일을 많이 하는 회사에 다니고 있다는 자부심으로 활기가 넘친다.

우리 회사의 사훈은 '1) 세상을 아름답게 2) 사람들을 행복하게 3) 그 속에서 나도 행복하게'다.

개인적으로도 같은 이치다. 남들한테 "와!"라는 감탄사를 듣고 살아야지, "에~"라는 비아냥거리는 소리를 들으면 안 되지 않겠는가? 돈을 많이 벌어도 맨날 욕만 먹으면 성공한 사람이 아닌 것이다. 유감스럽게도 요즘 부쩍 그런 사람들이 많아진 것 같다.

행복의 첫 번째 조건은 꿈이다. 그런데 언제부터인가 좋은 대학 나와서 좋은 회사 들어가는 것이 꿈인 청년들이 많다. 나는 이처럼 슬픈 꿈은 없다고 생각한다.

회사원 중에서 50~60대까지 살아남는 사람이 얼마나 되겠는가? 좋은 회사에 다니려는 생각보다는 좋은 회사를 만들 생각을 하는 것이 더 가치 있지 않을까?

베풀면서 존경받고 존경받으면서 행복하고! 이것이 진정한 성공이다.

충남 당진시 대호지면 도이1리, 도이2리 자매결연

「 남을 이기는 것이 성공이 아니더라 」

안녕하세요? 바이네르 구두 대표 김원길입니다.

흔히, 사람들이 저한테 말하곤 합니다.

"사업이 그 정도로 성장했으니,

정말 성공하셨네요~~~."

돈을 많이 벌고

경쟁에서 이기면 과연 성공한 걸까요?

맨주먹으로 시작해 사업을 키워오면서,

돈도 있어 봤고, 남도 많이 이겨 봤습니다.

그런데 지나고 보니

그것은 진정한 성공이 아니란 느낌이 들었습니다.

경영과 나눔, 삶 등을 통해서 존경을 받으며

행복이 쌓여가는 것.

그것이 진짜 성공이 아닐까요?

잠깐만~ 우~리 이제 한번 해봐요, 사랑을 나눠요~

포기하지 않는 한
꿈은 항상 내 곁에 있다

몇 년 전의 일이다. 수상스키를 배워보겠다고 처음 시작했던 날, 엄청 힘들었다.

강물도 배부를 정도로 많이 마시고 팔을 들지 못할 정도로 힘도 다 빠졌다. 다음 날 일어나 보니 양쪽 팔과 어깨는 움직이지 못할 정도로 알이 배어 있었다. 그 통증이 5일간 계속되었다.

한편으로는 '그리 힘든 것을 왜 하지?' 또 한편으로는 '남들은 멋지게 즐기는데 나는 왜 못 하는 거야?' 하는 생각이 들었다.

어깨와 팔은 엄청 아프고 마음에는 갈등이 생겼다. 그런데 일주일이 지나면서 몸이 완쾌되니, '아니, 내가 왜 수상스키 가지고 힘들어했지? 남들도 다 하는 것인데. 다시 할 거야.' 생각이 확 바뀌었다.

자존심이 상해서 곧바로 수상스키장으로 향했다.

'그래, 처음부터 잘할 수 있나? 하다 보면 되겠지!'

힘들어도 포기하지 않으니 수상스키도 남부럽지 않을 정도로 탈 줄 알게 되었고, 이제는 내 스키보트를 가지고 남들까지 잘 가르치는 선생이 되었다. 포기하지 않는 한 꿈은 항상 내 곁에 있다.

한강에서 수상스키를 즐기는 김원길 대표

구두 만드는 일도 마찬가지다.

16살에 시작하여 43년째 계속 구두 업계에 종사하고 있다. 좋은 품질의 구두를 생산·판매하는 사업도 역시 지속되고 있다.

금융권에 돈 빌리러 가면 "요즘 구두 산업은 사양 산업이 아니

냐?" 하는 말을 한다. 이럴 때마다 나는 자존심도 상하고 직업을
바꾸어야 하나 고민도 많이 했다.

한번은 화가 나서 "당신이 사양 산업이라고 했는데 당신이 신
발 없이 살 수 있다면 사양 산업이 맞고 바로 내 사업을 접어 버
리겠다."라고 말한 적도 있다.

지금 와서 뒤돌아보니 외길 43년째 인생이다. 다행히 경쟁자
가 그리 많지 않다고 자신감을 가지며 사업을 수월하게 할 수 있
었다.

남들이 많이 가는 곳보다는 가지 않는 곳이 블루오션이라고 생
각한다.

서핑 초보자들에게 직접 파도 타는 법을 가르치는 김원길 대표

발상의
전환

6·25전쟁 당시 우리나라는 아시아에서 가장 못사는 나라였다
고 한다.

지금은 우리가 얕잡아보는 필리핀이 장충체육관을 건립한 것
으로 알고 있다.

60여 년이 지난 지금은 세계 무역 10대국의 반열에 들어 있다.
이런 결과는 우리 민족이 대단한 저력을 가지고 있기 때문이라고
생각한다.

훨씬 오래 전 앞장서서 열심히 뛰셨던 고 이병철, 정주영 회장
님들을 생각해 본다. 몇십 년이 지났는데도 많은 사람들의 부러
움을 사고 존경을 받는 분들을 거울삼아 본다. 그 당시 우리나라
의 경쟁력은 세계 최하위였다.

S전자에 다니던 친구가 30년 전 근무할 때였다.

미국에서 S전자 TV 제품이 매장 안이 아닌 판매점들 문간에서 미끼상품으로 판매되고 있었다고 한다. 이 친구는 이때 '언제쯤이나 우리 제품이 저 매장 진열대에 올라갈 수가 있을까?' 꿈꾸면서 일을 했다고 한다.

그런데 현재는 어떠한가? TV뿐 아니고 전자제품 전 분야에서 S전자 제품이 세계 정상을 달리고 있다.

이런 결과는 선대 회장님들이 힘든 것을 이겨내고 발상의 전환을 한 게 바탕이 된 것이라고 감히 생각해 본다.

사람들은 외부에서 보이는 것들을 보고 부러워한다.

더 중요한 것은 보이지 않는 인사이드적인 면이다. 그것을 볼 수 있어야 실현 가능할 것이라 생각한다.

누구에게나 주어진 일생에서 세상을 어떤 눈으로 보고 어떤 가치관으로 살았느냐에 따라서 흔적의 차이는 엄청 많이 나게 될 것이다.

경청과 소통경영
- 고객이 원하는 것을 해결하자

경청이란 상대방의 마음을 '빨리' 이해하기라 할 수 있다. 언제 어디서든 세상의 소리를 빨리빨리 캐치하고 항상 귀를 쫑긋 세우고 있어야 한다.

왜냐하면 그 속에 바로 고객의 '원츠wants'가 들어 있기 때문이다. 고객이 원하는 것을 해결하면 지금 이름만 대도 알 수 있는 잘나가는 회사가 될 수 있는 것이다.

경청과 함께 또 한 가지 중요한 것이 소통이다.

불과 10년 전만 해도 구두 업계는 시기별로 매출 등락을 거듭했다. 봄이 시작되는 3월, 가을이 시작되는 9월에는 없어서 못 팔 정도로 구두가 잘 나가고 구정이 끼어 있는 2월, 장마가 시작되는 6월, 바캉스 시즌 8월에는 손가락만 빨았다. 창고에 쌓이는 재고를 보고 있노라면 혈압이 머리 꼭대기까지 올랐다. 당시는 그 시기를 어떻게 넘기느냐가 회사 경영의 가장 중요한 과제이기도 했다.

　지금은 비수기라고 딱히 정해져 있지는 않다. 그래서 이전보다는 규모 있는 경영이 가능해졌다. 대신 예상치 못했던 글로벌 금융위기나, 신종플루처럼 대형 악재가 터질 때는 어쩔 도리가 없다. 이럴 때는 견디는 방법을 찾아야 한다.

　보통은 사장이 직접 나서서 영업부서를 다그치고 매출을 독려한다. 그러나 나는 절대 그러지 않는다. 내가 현장 출신이기 때문에 그 마음을 누구보다도 잘 안다. 사장이라고 큰소리치고 혼내기 시작하면 직원들은 더 스트레스를 받고 회사 분위기는 걷잡을 수 없이 나빠진다.

　그래서 나는 매출이 떨어질 때면 아예 손을 놓고 직원들과 레저를 즐긴다. 수상스키도 타고 말도 타고 낚시도 간다. 그 와중에도 직원들에게 매출 이야기는 절대 하지 않는다. 그렇게 하면 직원들과 신뢰가 쌓인다. 매출 이야기는 하지 않았지만 레저를 즐기면서 몸으로 소통한 셈이다.

　이렇게 어려운 시기를 견디고 나면 직원들이 정말 열심히 일한다. 그 눈빛은 마치 나에게 진 빚을 갚기 시작했으니 조금만 기다려 달라는 듯 순수하다. 신종플루 때문에 많은 구두 회사들이 지독한 불경기를 겪을 때도 우리는 사상 최고의 매출을 기록했다.

2013 워크숍(청평)

요즘은 카톡방 6개를 운영하면서 소통지수를 높이고 있다. 운영, 품질관리, 개발, 문제해결 방 등이고, 70개 전국지점방에는 구두 불량이나 그날그날의 주제에 맞춰 각오가 올라온다. 나는 가끔씩 선물을 쏴줌으로써 직원들의 사기를 높여준다. 이제는 소통을 제대로 하는 것이 능력자인 시대가 되었다. 그만큼 소통이 중요하다.

변화
- 고객의 마음은 지금 이 순간에도 변하고 있다

흔히들 세상이 변한다고 한다. 그러나 곰곰 생각해 보면 세상이 변하는 것이 아니고 사람들이 원하는 게 변하고 있는 것이다.

"보다 더 예쁜 구두 없을까?"

"보다 더 편안한 것이 없을까?"

"보다 더 좋은 옷은 없을까?"

"보다 더 맛있는 것 없을까?"

"보다 더 예뻐질 수 없을까?"

고객의 원츠wants에 발맞추어 나가야 한다. 그 변화의 리듬을 모르면 상황만 탓하면서 맨날 불경기라고 한다. 변화의 리듬을 아는 것이 그만큼 중요하다.

미국의 구글, 페이스북, 한국의 카카오, 네이버 등의 회사가 잘 나갈 수 있는 것도 바로 이런 변화의 흐름을 읽고 만들어내었기 때문이다.

그러므로 항상 세상과 소통을 해야 한다. 이기적인 사람은 절대 소통이 안 된다. 중심에 서고 싶다면 세상과의 소통이 필수다.
항상 세상의 소리에 귀 기울이면서 그것을 해결하고, 해결하고, 또 해결하려고 노력하다 보면 결국에는 세상 사람들이 나를 좋아하게 된다.

중국 북경 베이징대 강연 때 이 변화와 관련해서 학생들에게 질문을 던졌다.
"여러분은 변화란 무엇이라고 생각하나요?"
여러 대답이 있었지만 정작 내가 원하는 대답이 나오지 않았다. 잠시 후 수많은 학생 중 어떤 여학생에게서 답이 나왔다.
나는 '변화는 새로운 기회'라고 생각한다.

30년 전 제화시장은 K사, E1사, E2사, 케리부룩순이었다. 그중 E1사는 서울대 발전기금을 수십억 낼 만큼 잘나가는 회사였다. 나는 관리직으로 전환한 후 서열 4위인 케리부룩에 8년간 근무했다. 그 무렵엔 내가 전철을 타고 다니면서 우리보다 잘나가는 회사들이 어떤 신제품을 내놓았는지 하루도 빠짐없이 조사하고 다녔었다. 그런데 이제는 어떠한가? 오히려 그들이 우리 회사 구두를 카피해 가고 있다.

그렇게 잘나갔던 회사들이 부도가 난 것은 변화의 흐름을 읽지 못했기 때문이다. 서서히 변하지만 세상을 뒤집어 엎어버릴 만큼 그 위력은 위협적이다. 적응 못 하면 역사 속으로 사라진다. 변화가 그렇게 무섭다.

그러나 반대로 변화가 있기에 나한테는 엄청난 기회였다. 변화가 있기에 기회가 있고 공정할 수 있다. 좋은 것을 준비하는 사람한테는 찬스인 것이다.

「 변화에 주목하라 」

안녕하세요? 바이네르 구두 대표 김원길입니다.

요즘, 세상이 왜 이렇게 빨리 변하는지 모르겠다면서,

남의 집 불구경하듯,

막연하게 말하는 사람들이 있는데요.

저는 오랜 세월 사업을 하다 보니,

세상이 변한다기보다는

사람들이 원하는 것이

빠르게 변하는 거라고 봅니다.

아무리 어려운 시기에도

열심히 노력하는 사람에게는

반드시 새로운 기회가 찾아옵니다.

사람들이 무엇을 원하는지를 알아내고 해결해서

실천에 옮길 때 멋진 주인공이 되지 않을까요?

잠깐만~ 우~리 이제 한번 해봐요, 사랑을 나눠요~

굿모닝!
성공의 첫 번째 키key는 인사다

해외에 다니면서 외국 사람들을 만날 때마다 그들이 항상 서로 먼저 인사하는 것을 보았다. 그런 모습을 자주 접하다 보니 자연스럽게 나도 인사하는 것이 몸에 익어 갔다.

그런데 귀국하여 회사에 출근해 보면 분위기가 확 바뀐다. 출근할 때에도 무표정한 직원들의 얼굴을 보면서 '우리는 왜 이렇지?'라는 생각이 들고 스트레스를 받았다. 딱딱한 인상은 상대에게 혐오감을 주고 밝은 인상은 행복감을 안겨주는데, 유독 우리나라 사람들은 표정이 굳어 있다.

우리 직원들만이라도 밝은 표정을 만들고 싶다는 생각에서 우리 회사만의 인사말을 만들기로 했다. 전체 회의를 열어 직원들에게 외국 사례를 이야기하고 "우리도 인사말을 만들어서 서로 인사해 보자."고 제안했다.

　우선 세계 각국의 인사말부터 모았다. 그중 직원들의 의견에 따라 15개 정도를 고른 후 최종적으로 선택한 인사말이 바로 '굿모닝Good morning'이다.

　이후부터 우리 회사에서는 서로 만날 때마다 "굿모닝!"이라고 인사한다. 직책이나 나이, 성별, 시간 등도 따지지 않고 항상 "굿모닝!"이다. 그래서 우리는 밤에도 "굿모닝!"이라고 인사한다.

　처음에는 '굿모닝' 인사를 쑥스러워했지만 시간이 지나면서 훨씬 경쾌해지고 자연스러워졌다. 딱히 존댓말이나 반말도 아니다 보니 인사를 주고받으면서 은근히 가까워지는 느낌이었다. 나는 개인적으로 우리 회사가 글로벌 시장에 진입하게 됐다는 신호처럼 들리기도 했다.

　단순히 소리만 경쾌해진 것이 아니었다. 실제로 '굿모닝' 인사를 통해 회사에 많은 변화가 일어났다. 말단 직원들도 나를 보면 '굿모닝'을 외치고 자기 일상을 편하게 이야기하기 시작했다. 위아래가 없는 인사말을 주고받으면서 격과 권위가 사라지기 시작한 것이다.

　우리가 세상에 나와 사람들을 만나고 취직을 하고 물건을 판매(수출)하는 등 사회생활을 함에 있어 첫 번째로 중요한 것이 바로 인사다. 무엇이든 인사로 시작되는 것이다.

인사를 잘못하는 사람은 첫 단추부터 잘못 껴서 출발부터 힘들어진다.

내가 사는 아파트에서 출퇴근 시간에 엘리베이터를 타서 사람들을 만나면 항상 인사를 한다. 상대방이 먼저 인사를 할 때는 살짝 미소로 화답해 주면 즐겁다.

그런데 어떤 경우에는 내가 인사를 해도 '아저씨가 날 알아요?' 하는 표정을 짓는 학생들도 많다. 그럴 때는 아침부터 엄청난 스트레스를 받는다. 등교 시간에는 엘리베이터를 타지 말아야겠다는 생각까지 든다.

인사를 제대로 하지도 받지도 않는 학생들이 의외로 많은 것에 놀랐고 안타까웠다. 그래서 한번은 알고 지내는 교육청의 교육장한테 "학교에서 인사하는 것도 안 가르쳤나요?"라고 항의도 해보았다.

며칠 후 출근길에 또 인사는 고사하고 나를 째려보고 훑어보는 학생을 만났다.

아무래도 이대로는 안 되겠다 싶어 다시 교육장한테 전화를 걸어 한 가지 제안을 했다.

"학교에 장학금 300만 원을 드릴 테니 인사 잘하고 예절 바른 학생한테 주십시오. 선발된 학생 어머님에게는 구두를 만들어 드리겠습니다. 또 선발된 학생의 친구들 10명을 초청해서 바나나보트, 수상스키, 파도타기 등 체험을 시켜주겠습니다."

　내가 제안한 것을 실행으로 옮기기 위해 그 학교와 MOU를 맺고 진행하고 있다.

예림디자인고등학교 강의

'직원들 사장 만들기' 프로젝트

나는 큰 기업을 만들기보다는 직원이 행복한 회사를 만드는 것이 꿈이다. 매출이 높은 기업보다 나누는 기쁨을 아는 기업을 만드는 것이 성공의 지름길이라 생각하기 때문이다.

많은 사람들이 "성공하려면 우선 존경을 받아야 한다. 그리고 행복하게 살아야 한다."라고 말한다. 먹고살 만하고 돈만 버는 것이 성공이 아니라는 의미다.

이런 의미에서 나는 '행복지수 1등 회사'를 만드는 프로그램을 가동했다. 사회로부터 존경을 받으려면, 내가 가지고 있는 것으로 세상을 이롭게 하면 되지 않을까 생각했다. 그래서 장학금 수여, 군부대 강연과 효도잔치 등을 마련했다.

직원들의 행복지수를 높이기 위한 노력도 아끼지 않았다. 경기도 청평과 제주도에 직원 전용 연수원을 갖추고 여름에는 직원들을 위한 수상스키 강사, 겨울에는 스키 강사로 내가 직접 나섰다. 회사 앞에 놓인 스포츠카, 보트도 직원 누구나 이용할 수 있다.

'직원들 사장 만들기' 프로젝트를 진행하는 것도 이와 같은 이유에서다.

그동안 우리 회사에 근무했던 사람 가운데 30여 명이 대리점이나 공장 사장 등 사장 명함을 갖고 다닌다. 실제로 직원이 직접 사장이 된 대리점의 매출이 다른 대리점보다 더 높다. 사장이 되면 당연히 책임감도 더 생기고, 월급을 받고 일할 때보다 훨씬 능동적으로 일하게 되기 때문이다.

월급쟁이일 때에는 일을 열심히 하든 안 하든 별 티가 나지 않지만 사장인 경우에는 열심히 일하지 않으면 곧바로 매출에서 차이가 발생하지 않겠는가? 그래서 더 열심히 뛸 수밖에 없고 그 대리점 매출이 올라가면 결과적으로 우리 회사 매출 역시 동반 상승하는 것이다.

내가 사는 모든 세상이 학교다.

그러므로 직장도 학교다. 그 직장에서 열심히 공부하고 배운 후, 독립하여 대리점 사장이 되면 더 넓은 세상과 만날 수 있다.

현재 전국에 31개의 대리점이 있는데 모두 15년 이상 장기 근속자들에게만 운영권을 줬다. 그래서인지 직원들에게 "언제 그만 둘 거냐?"고 물으면 다들 얼굴이 밝아진다. 대리점 운영을 제안 하는 말이기 때문이다. 지금까지는 15년 이상 장기 근속자들을 대상으로 했지만 앞으로 더 많은 사장을 배출하기 위해 근속 연 수를 10년 수준으로 내릴 계획도 가지고 있다.

대리점주 초청행사

직원이 행복해야 나도 행복하고 궁극적으로 우리가 만드는 신 발을 신는 분들까지 행복해질 것이라고 확신한다.

김원길 성공포인트
3가지

1. 눈치

자칫 생각하면 눈치라는 단어에는 약삭빠르다는 부정적 이미지가 있을 수도 있다. 그러나 눈치가 빠르다는 말은 첫째, 판단력이 좋다. 둘째, 소통능력이 좋다. 셋째, 공감 능력이 좋다는 의미이기도 하다.

나는 중학교까지만 다니고 일을 하면서 사람들과 만나다 보니 대부분의 주변 사람들이 나보다 연륜도 있고 많이 배운 사람들이었다. 그래서 그들이 어떤 말을 하면 '아, 상대방 말이 맞구나.' 하고 자연스럽게 꼬리를 내릴 수밖에 없었다. 어릴 때부터 그런 생활을 하다 보니 그때 생긴 것이 바로 '눈치'다.

눈치 빠르게 상대방 말에 맞춰 일의 포커스를 맞추다 보니 공부를 하지 않은 게 오히려 발전을 빠르게 하지 않았나 생각한다.

창업 초기 회사가 어려웠을 때였다.

구두가 너무 안 팔렸는데 그렇다고 애써 만든 구두를 버릴 수도 없어서 선배들에게 구두를 나눠주었다. 그랬더니 선배님들이 한마디씩 하셨다.

"구두 여기 여기 고치고 잘 만들어라."

잔소리 같지만 선배들 이야기를 듣고 고치다 보니 구두가 어느새 좋아져 있었다. 구두가 좋아지니 선배들이 오히려 구두를 잘 만든다고 소문을 내 주었고, 그 입소문 덕택에 구두가 잘 팔리기 시작했다. 내가 사업에 뿌리를 내릴 수 있었던 것은 '선배들의 조언' 덕택이었던 셈이다.

요즘 청년들과 군인들에게 늘 하는 얘기가 있다.

"선배를 잘 모시는 것이 이 세상 살아가는 가장 중요한 지혜다."

선배한테 잘못 보이면 세상에 뿌리를 못 내린다. 선배를 잘 모시려면 눈치가 빨라야 하고 그러면 선배와 소통을 잘하게 되고 공감도 잘하게 된다. 결국 눈치가 빠르다는 것은 경청을 잘하는 것과 마찬가지다.

그것이 지금 우리 회사의 모토인 '세상에서 가장 편한 구두를 만드는 일'의 비결이 됐다. 눈치가 그렇게 좋은 구두를 만들어낸 것이다.

2. 들이댐

나는 고등학교, 대학교는 못 나왔지만 세상의 대학 '들이대'를 나왔다.

'들이댐'이란 나의 시간과 열정, 돈을 투자하는 것을 의미한다. 잘될 수도 있고, 잘못될 수도 있지만 한번 들이대서 많은 것을 배우는 것이다.

우리나라에서는 대부분의 사람들이 그렇게 들이대지 않는다. 현장에서 바로 시간과 돈을 들이대서 결과를 만들어내어야 한다. 즉 들이댐은 '실무형'의 또 다른 의미이기도 하다. 현장에 있는 대학이 바로 실무대(=들이대)다.

바이네르가 들이댔던 역사가 있는데, 2011년 이탈리아 명품 구두 브랜드 바이네르를 인수했을 때였다.

이탈리아에서 처음 바이네르 구두를 접한 뒤 한국에서 팔려고 할 때 그 사람들이 만나주지도 않았었다. 처음엔 문전박대했다. 엄청 매달린 끝에 수입 계약이 성사됐는데, 생각 외로 구두가 잘 팔렸다. 그런데 리오더를 하니까 시간이 너무 많이 걸렸다. 나는 잘 팔 수 있는데 바이네르에서 물건을 안 줬다.

그래서 내가 상표를 빌려주면 한국에서 만들고 브랜드를 붙여서 팔면 안 되겠느냐고 제의했다. 이 제안을 오케이하는 데만 6개월이 걸렸다. 6개월간 쫓아다니며 들이댄 결과 최초 5년간 로열티 없이 한국에서 만들어서 판매할 수 있었다.

그 과정이 지나면서 바이네르 회장님이 돌아가셨다. 2008년 유럽발 금융위기가 이탈리아를 덮치면서 투자자들이 투자금을 회수해서 바이네르가 힘들어졌을 때 내가 한 번 더 들이댔다.

"나는 당신네 브랜드만 사면 된다. 이탈리아에 구두 잘 만드는 회사들은 많이 있으니까."

이렇게 해서 바이네르 브랜드 60% 이상의 지분을 인수했다. 결국 현재의 바이네르는 '들이대'의 산물인 것이다. 이런 측면에서의 들이댐은 도전정신이자 기업가정신이라고도 할 수 있다.

3. 행복

나는 해외여행을 직원들과 많이 다녔다. 주로 자주 가는 곳은 이탈리아 구두 전시회와 미국 라스베이거스 전시회다.

내가 직원들과 굳이 함께 가는 것은 보는 것이 곧 공부임을 잘 알기 때문이다. 전시회 보고 나서 나머지 일정 동안 신나게 구경하고 잘 노는 것도 또 다른 공부다.

이런 과정을 통해서 우리와 멀리 떨어진 다른 나라 사람들의 패션 스타일도 보고, 구두도 보고, 옷도 보고, 핸드백도 보면서 패션의 흐름을 읽는 것이다. 여행이란 살아 있는 공부를 하는 게 아닌가 생각한다. 여행이라고는 해도 그 여행 속에서 삶을 보는 것이므로 세상을 공부하는 것이다.

나는 우리 회사를 세상에서 제일 행복한 회사로 만드는 것이 꿈이다.

매년 효도잔치를 여는 것도 같은 이유다.

1년에 5~6번 부산, 광주, 서울, 일산, 내 고향 충청도 당진 등에서 효도잔치를 연다. 2007년부터 매년 이어지고 있는데 대략 2,500명 정도의 어르신들을 모신다. 식사 메뉴에서 식사 접대, 사회와 노래에 이르기까지 내가 직접 다 한다. 이 자리에 참석하신 어르신들의 얼굴에 미소가 번지는 것을 볼 때면 무척 뿌듯하고 행복하다. 성심성의껏 마련해 드린 어르신들을 위한 효도잔치는 나에게도 힐링이 된다.

2013 효도잔치

2015 효도잔치

인생3단계 ′성공 SUCCESS′

인생4단계

'나눔 Share'

굿모닝!

행복한 직원이

좋은 제품을 만든다.

− 김원길 −

세상에
"WOW!"를 외쳐라

　내가 강연에 초청받아 갈 때마다 청중들에게 맨 처음 시작하는 이야기가 있다.

　재미있거나 공감 가는 내용이 있으면 주저하지 말고 "WOW!"라고 큰 소리로 리액션해 달라는 것이다.

　진심이 담긴 리액션은 소통의 시작인 동시에 상대방에게 엄청난 에너지를 준다. 입으로만이 아닌 가슴에서 "WOW!"라고 외치면 세상이 아름다워지고 이렇게 좋은 반응으로 세상을 움직일 수도 있다.

　2016년 10월 말, 나는 중국 베이징대학의 대강당 영웅관에서 재학생들을 대상으로 초청 강연을 했다. 베이징대학은 학부생·대학원생을 합쳐 학생 수만 3만 명이 넘는 중국 최고의 대학이다. 그곳에서 중졸 출신인 내가 강연을 한 것이다. 한국인으로는 최초라고 들었다.

　내가 중학교 졸업 후 구두 일을 배우다 서울로 올라와 갖은 고생 끝에 회사를 차리고, 또 인생을 살면서 느낀 점과 청년들에게 해주고 싶은 이야기를 중심으로 강연했다. 그리고 이때에도 이제 전 세계 공통의 감탄사가 돼버린 "WOW!"를 학생들에게 강조했다.

　성공한 사람들이 듣는 감탄사가 "WOW!"다.
　여러분도 성공하고 싶으면 세상에 "WOW!"를 외쳐라.

　내가 중국말로 한 것도 아니고 통역을 썼는데도 강의 평가와 반응이 좋아서 이후 칭화대학에서도 강연을 추진하겠다고 했다. 이처럼 "WOW!"는 국적을 불문한 만국공통어다.

　지금 이 글을 읽고 있는 독자들 또한 재미있는 구절이 나오거나 공감 가는 글귀가 있으면 "WOW!"를 외쳐보라. 나에게 직접 소리가 들리진 않겠지만 분명 그 에너지는 전해지리라 생각한다.
　진심을 담아 세상에 자꾸 "WOW!"를 외치면 반드시 새끼 쳐서 나에게로 돌아올 것이다.

베이징대학교 강연

「 리액션 」

안녕하세요? 바이네르 구두 대표 김원길입니다.

저는 많은 사람들 앞에서 강의를 하곤 하는데요.

강의 중에 빤히 쳐다보는 분이 있는가 하면,

또 어떤 분은 고개를 끄덕이며

'와우~' 소리도 내어줍니다.

그러면 저는 힘든 줄도 모르고

더 열강을 해서

좋은 강의를 만들어 내곤 합니다.

내가 건네는 살아 있는 리액션,

'와우~' 이 한마디가

상대방에게 격려와 위로가 되어서

힘든 줄 모르고 전진할 수 있는

엄청난 에너지로 전해집니다.

잠깐만~ 우~리 이제 한번 해봐요, 사랑을 나눠요~

높아지고 싶으면
남을 높여라

군부대에서나 학생들에게 강연을 할 때면 내가 꼭 강조하는 말이 있다.

'자신이 높아지고 싶으면 남을 높여주라.'라는 것이다.

그러기 위해서 첫째, 선배를 공경해야 한다.

내 경우에도 선배 덕을 톡톡히 본 적이 있다. 회사를 그만두고 구두 회사를 창업했을 때였다. 구두가 안 팔렸다. 궁리 끝에 선배들에게 공짜로 나눠주었다. 그런데 한 선배가 신발을 신어보더니 대뜸 내게 "구두 똑바로 만들어." 하는 것이 아닌가.

처음에는 섭섭한 마음도 없지 않으나 생각해 보니 정확한 지적이었다. 선배의 잔소리를 듣고 그때부터 나는 구두를 고치고 또 고쳤다. 그러다 보니 구두 상태가 훨씬 좋아졌다. 이후부터는 선배님들이 자진해서 우리 구두가 좋다고 입소문을 내주었고 구두가 잘 팔리게 되었다.

분명 선배에게는 나보다 더 많은 경험이 있다. 의견이 안 맞아도 선배 경험을 존중해 주면 그게 바로 공경이다.

두 번째는 후배 사랑이다.

나는 후배 기업가 10명을 키워내는 것을 목표로 하고 있다. 내가 겪은 실패나 시행착오를 통해 그들이 똑같은 잘못을 저지르지 않도록 그들의 멘토가 되어 주는 것이다. 나를 따르는 후배가 많아지면 그만큼 내 편도 많아지게 된다. 그들을 나의 팬으로 만드는 것이다. 팬이 곧 나의 몸값이기 때문이다.

군부대 강연에서는 세 번째로 전우애를 강조한다.

진짜 사나이는 전우에게 "전방은 내가 지킨다. 친구야 비켜!"라고 말할 수 있어야 한다. 사람이란 상대의 배려에는 약해지기 마련이다. 내가 사랑으로 전우를 감싸면 반드시 배로 돌아올 것이다.

멋지게 성공하려면 남들을 물어뜯는 대신 높여주자. 인생은 진실 위에 쌓아야 한다. 거짓으로 쌓으면 한 방에 무너진다.

1사단 다문화가정 지원

9사단 자매결연

「 눈을 얻을 것인가? 마음을 얻을 것인가? 」

안녕하세요? 바이네르 구두 대표 김원길입니다.

구두 사업을 시작하면서부터

눈을 즐겁게 해 주는 신발을 만들어야 할지,

발이 편한 신발을 만들어야 할지,

고민이 됐습니다.

그때 저는 '나에게 구두가 뭔가?'를 생각해 봤죠.

구두는 제 인생 그 자체였습니다.

가난에서 벗어날 수 있게 해주었고,

즐겁게 살 수 있게 해준 것도

바로 구두였으니까요.

제가 구두를 만들듯이

무슨 일에서나 사람의 마음을

얻는 것이 진짜 부자가 아닐까요?

잠깐만~ 우~리 이제 한번 해봐요, 사랑을 나눠요~

놀면서
새로운 에너지를 얻자

우리 회사에는 시가 1억 원짜리 벤츠 스포츠카가 있다. 내가 타려고 산 게 아니다. 직원 전용이다. 좋은 차로 드라이브하고 싶을 때 그냥 타면 된다. 청평과 한강에 모터보트도 있다. 수상스키를 타고 싶을 땐 청평이나 한강에 가면 된다. 역시 직원 전용이다.

겨울에는 내가 직접 직원들에게 보드와 스키를 가르쳐준다. 나는 보드에 일가견이 있다. 처음 보드를 잡은 사람도 30분이면 잘 탈 수 있게 해준다.

우리 회사 직원들처럼 다양한 취미 생활을 즐기는 샐러리맨을 본 적 있는가?

직원 복지 보트

샐러리맨이든 경영자든 취미 생활은 있어야 한다. 일이나 돈의 노예가 되어서는 안 된다. 자신이 좋아하는 취미 생활을 계발하고 즐기면서 새로운 에너지를 얻어야 업무에도 효율이 오른다.

업무 스트레스를 없애는 방법 중에는 노는 게 최고다. 잘 노는 사람들이 일도 잘한다. 이건 100%다. 내가 직원들이 잘 놀 수 있는 환경을 만들어주는 것도 업무 능력을 올려달라는 말과 다르지 않다. 피곤해 죽을 것 같으면 제발 쉬고 나서 일을 잡았으면 좋겠다.

나는 거의 모든 스포츠 종목에서 마니아 소리를 듣는다. 운동이 몸에 배어서인지 출장 등으로 한동안 몸을 안 쓰면 운동하는 꿈을 꿀 정도다.

운동과 함께 내게 에너지를 충전시켜주는 또 하나는 노래다. 나는 작사도 하고 개사도 하고 노래도 직접 부르는 걸 좋아한다. 국민가요 〈내 나이가 어때서〉는 다음과 같이 개사하여 악보를 아예 들고 다니면서 불렀다.

야-야-야 내 나이가 어때-서 / 사업에 나이가 있나-요

성공도 하나-요 실패도 하나-요 / 도전만이 정말- 내 성공인데-

땀띠 나네-요 내 나이가 어때-서 / 사업하기 딱 좋은 나인-데

어느 날 우연히 거울 속에 비춰-진 / 내 모습을- 바라보면-서

세월아 비켜-라 내 나이가 어-때-서 / 사업하기- 딱 좋은 나인-데

내가 작사한 〈힘들어도 괜찮아〉 노래 이후 준비 중인 노래도 한 곡 있다. 〈아름다운 흔적을 만들어요〉라는 노래인데, 아직 완성을 하지 못했다. 빨리 완성을 하긴 해야 하는데 좀처럼 진척이 없다. 이참에 독자들에게 한 소절씩 공모해 보는 것도 좋은 아이디어일 듯싶다. 독자의 참여를 기대한다.

스포츠든 노래든 혹은 독서나 영화감상이든 자신이 좋아하는 취미 생활이 있다는 것은 에너지를 충전하는 동시에 스트레스까지 감소시켜주므로 일석이조의 효과가 있다. 놀 때는 신나게 놀고 일할 때는 또 열심히 일하고! 이 두 가지만 잘 지켜도 우리의 삶이 보다 윤택해질 것이다.

고객은
위대하다

우리 회사는 2017년 9월부터 바이네르의 단골고객을 명예지
점장으로 위촉하는 이벤트를 시행하고 있다. 그동안 소비자 소
리에 경청하는 기업을 만들기 위해 고객과 직접 만나 경청하는
시간을 찾는 등 차별화된 마케팅으로 승부한 바 있는데, 명예지
점장 이벤트 또한 이러한 맥락에서 시행한 것이다.

그 결과 '고객은 위대하다.'는 나의 신념을 다시 한 번 확인할
수 있었다.

2018년 5월 경기도 죽전에 있는 신세계 백화점 경기점에서 정
옥희 고객은 명예지점장 이벤트 외 다양한 홍보활동으로 구두 동
종업계 내 월간 매출 1위(1억5천만 원)를 이끌었다. 그간 2등, 3등
은 많이 했지만 1등으로 올라선 건 처음이었고, 이는 전체 바이

네르 매장 중에서도 1등 매출이다.

정옥희 고객은 그동안 자식들 키우느라 소홀했던 사회봉사 활동을 다시금 활발히 하며, '바이네르 월간 매출 1위'를 목표로 노력한 끝에 좋은 결과가 나와서 무척 보람을 느꼈다고 한다. 명예지점장 이벤트를 통해 고령임에도 아직 현역 같고 살아 있음을 느꼈다는 것이다.

2017년에도 바이네르의 전국 매장에서는 홍보대사를 맡은 명예지점장들이 릴레이 판촉에 나서며 맹활약을 펼쳤다. 현대백화점 천호점에서 박순식 명예지점장이 하루 매출 3,000만 원을 달성했고, 롯데백화점 전주점의 라은희 명예지점장은 2,700만 원의 매출을 기록했으며, 롯데백화점 노원지점의 동기숙 명예지점장은 하루 매출 1,700만 원의 판매 실적을 거뒀다.

그 외에 100여 분의 많은 분들이 명예지점장으로 도와주고 계시다.

우리 회사의 단골고객이자 명예지점장으로 활동한 고객들의 도움이 없었다면 이룰 수 없었던 매출기록이다. 경력 20년 이상의 매장 직원들보다 단골고객이 하루에 더 많은 매출을 올린 것을 보니 역시 고객은 위대하는 생각을 다시 하게 된다.

오랫동안 우리 회사의 신발을 신어온 단골고객인 만큼 누구보다 바이네르 제품의 특징을 잘 알아 고객들에게 그 장점을 쉽게 설명한 덕분이다. 그러한 판매 노하우가 매장을 찾은 고객들에게도 통했던 것이다.

고객이 고객을 불러들이고, 고객의 발걸음이 기업을 살리며, 고객이 1등 기업을 만든다. 명예지점장 이벤트는 새로운 최고의 마케팅 전략이다.

기업을 경영하다 보면 가장 중요한 것이 소비자의 트렌드를 제때제때 파악하는 것이다. 소비자가 보는 미美의 포인트는 항상 바뀌고, 언제나 새로운 것을 요구하는 시장에 적절히 대응하지 못한다면 변화는 기업에 위기로 다가올 것이다. 즉 시장 변화에 대한 적절한 대응이 기업 생존의 길이다.

변화의 바람이 부는 곳에 망설이지 않고 뛰어들어야 기업도 성장할 수 있다. 언제 어디서나 고객의 소리에 귀를 바짝 세우고 있어야 하는 것이다.

기업을 도와 일자리를 늘리고 경기를 살려보려는 명예지점장들에게 뜨거운 박수를 보내며, 더 좋은 제품으로 고객들에게 보답해 나가겠다고 한 번 더 다짐한다.

고객은 위대하다. 바이네르의 뿌리는 고객이다. 회사를 발전 유지시켜 주는 고객에게 감사하다.

Vainer
바이네르

자랑스러운
명예 지점장님

고객은
똑똑하다

언젠가 한 고객이 소공동 롯데백화점 매장에 찾아와 불만 사항을 심하게 어필한 적이 있다. 그 고객은 본사에도 컴플레인을 걸어왔다. 매장에 확인했더니 원래 컴플레인이 심한 고객이라는 의견만 돌아왔다. 그런데 회사 임원이 고객에게서 들은 이야기는 매장의 보고와 많이 달랐다.

"이 매장에서 구입한 구두에 이상이 있어 수선을 맡겼는데 처리 기간이 너무 길었고 그나마도 잘못 나왔다. 그래서 수선을 다시 맡겼는데 이번에는 시간이 더 오래 걸렸다."

고객의 주장을 확인해 보니 사실이었다. 우리 회사의 잘못이었다. 이 일을 처리하다 보니 한 가지 의문이 들었다. 그 정도 요구 사항이라면 매장에서 해결할 수도 있었을 텐데 왜 본사 임원과의 만남을 원했을까?

그 고객은 이렇게 말했다.

"나는 안토니 바이네르 구두를 정말 좋아해요. 내가 특별한 보상을 받기 위해서가 아니라 회사의 시스템이 개선되길 바라는 마음으로 연락했습니다."

그는 오래된 우리 고객이었다. 애정 어린 지적이었던 셈이다. 고마운 마음에 과일과 생선을 준비해서 선물로 보냈다. 그 사건 이후 수선 기간을 절반으로 줄였다.

이 사건 이후 깨달은 게 많다. 고객 의견 창구를 따로 개설하고 영업 일선에서 가져온 고객의 소리를 정리해서 따로 보고받는 시스템도 만들었다. 항시 고객의 의견을 정리해서 직접 확인한다. 그 안에는 우리가 미처 몰랐던 우리의 허점들이 많이 담겨 있다. 고객의 눈은 정확하다.

이처럼 고객은 엄청 똑똑하다. 게다가 요즘은 정보가 빨라서 고객들이 빠르게 움직이고 평가한다. 이럴 때일수록 고객의 원츠 wants를 재빨리 파악하고 그것에 발을 맞추어야만 이 빠르게 변화하는 세상에서 살아남을 수 있다.

그 고객은 지금도 우리의 가장 큰 고객 중 한 명이다. 항상 고객이 정답이다. 이 사실을 명심하자.

미국 구두 박람회

인생4단계 '나눔 SHARE'

좋은 생각은
바로 행동에 옮겨라

대부분의 사람들은 어떻게 하면 성공할지 알고 있다. 그러나 성공하는 사람은 많지 않다. 왜일까? 성공의 조건들을 머릿속에 꿰고 있지만 실천은 하지 않기 때문이다. 행동에 옮기지 않으면 아무것도 이룰 수 없다.

나는 전형적인 실천형 인간이다. 머릿속에서 답이 나오면 시간이 아무리 걸리더라도 멈추지 않고 계속 걸어간다. 주변을 봐도 나 같은 사람은 드물다. 대부분 무엇인가 작심을 하면 그저 며칠 동안만 실천할 뿐이다. 그래서 나는 스스로를 '작심삼일형' 인간이 아니라 '작심평생형' 인간이라고 표현한다.

사실 내가 중견기업 사장이 된 것도 실천의 결과다. 나는 구두를 처음 만들 때부터 대한민국에서 가장 큰 구두 회사 사장이 되겠다고 생각했고, 사장이 되기 위해 부단히 노력해 왔다. 그래서 그 꿈을 이루었고, 지금은 세계에서 가장 큰 구두 회사 사장이 되겠다는 꿈을 꾸고 있다. 이것도 반드시 이루어낼 것이다.

행동하면서 배우는 것이 진짜 공부다.

뒤로 미루면 나의 성공도 미루어진다는 점을 명심하자. 나는 지금도 회의하면서 좋은 아이디어는 바로바로 그 자리에서 지시하고 실행으로 옮긴다.

인간은 늘 변화하고 발전할 수 있다. 왜냐하면 원대한 목표를 향해 매일매일 노력하기 때문이다.

"음지가 양지 되고 양지가 음지 된다."는 말이 있다. 전혀 불가능한 일도 목표를 정하고 한 발 한 발 걸어가다 보면 이루어낼 수 있다.

고향과
나의 선의의 경쟁

충남 당진 출신인 나는 농부의 아들이다. 그래서 어릴 때부터 우리 땅에서 나는 쌀 한 톨, 배추 한 포기의 소중함을 직접 눈으로 보며 자랐다. 이 때문에 내 고향 당진뿐 아니라 '우리 농촌을 위해 내가 할 일은 무엇일까?' 늘 생각해왔다.

일 때문에 세계 곳곳을 다녀보며 느낀 것이 한 가지 있다. 잘사는 나라일수록 먹거리가 풍부하다는 점이다. 즉 식량을 생산하여 자국민이 먹고 여분의 식량은 수출하는 나라가 선진국이다. 반대로 식량이 부족한 나라는 후진국에 가깝다. 미국, 캐나다, 영국, 프랑스, 독일 등 대부분의 선진국들이 먹거리가 풍부하여 식량을 수출하고 있다.

나는 농촌 사랑의 일환으로 제일 먼저 당진 도이1·2리와 자매 결연하고 2011년부터 마을 대소사를 직접 챙기기 시작했다. 지역 학생에게 장학금을 지원하고 경로잔치를 열게 된 것이다.

그때부터 고향과 나의 선의의 경쟁이 시작되었다. 고향 분들의 목표는 '세계에서 가장 살기 좋은 농촌을 만드는 것'이고, 나의 목표는 '우리 회사의 구두가 세계 1등을 하는 것'이다. 그래서 나는 아무리 바빠도 1년에 한 번씩은 꼭 고향에 가서 효도잔치를 열고, 그 자리에서 고향 분들과 내가 각각의 목표를 향해 얼마만큼 가고 있는지 되짚어보는 자리를 갖는다.

이와 더불어 바이네르 매장 방문 고객에게 계절별로 떡과 대추, 제주 감귤 등의 우리 농산물을 제공하고 있다. '밸런타인데이에 한라봉 먹기', '11월 11일 가래떡 데이' 행사 등을 통해 '우리 농촌 사랑하기', '우리 농산품 애용하기' 캠페인을 벌이고 있다.

계절별로 고객들을 초청하여 포도 철에는 '포도 따 먹기' 등의 포도 체험을 하고, 대추 철에는 농촌에 미리 심어놓은 대추나무에서 '대추 따기' 등의 체험을 한다. 고추도 계약 재배를 하여 맛있는 고추를 수확하여 고객들에게 나눠주고, 통발낙지가 많이 잡히는 고흥의 낙지 소비 촉진을 위해 낙지를 대량 구매하는 이벤트 등도 계속하고 있다. 2013년 배춧값 폭락 때는 농협중앙회의 배추 세 포기를 사면 한 포기를 더 주는 '배추 3+1' 운동에 5,000만 원을 기부하기도 했다.

2015 가래떡 데이

　내가 이렇듯 농촌을 돕는 다양한 방안을 고민하고 실행하고 있는 것은, 우리의 먹거리를 우리 스스로가 보호할 줄 알아야 먹거리 자체가 발전할 수 있기 때문이다.

　나는 농협 쌀과 〈농민신문〉 홍보대사로도 활동하고 있는데, 도시민에게 조금이라도 더 농업·농촌을 알리기 위해 전국 60여 개 바이네르 전 매장에 〈농민신문〉을 비치하고 있다. 특히 고향 당진 분들에게는 유용한 농촌정보가 실려 있는 〈농민신문〉을 자비로 400부 정도 기탁하고 있다.

　이 때문인지 언제부터인가 바이네르는 농산물 소비 촉진에 힘쓰는 업체로 유명해졌다. 농업·농촌을 돕고자 수시로 전국 각지에서 제철 농산물을 구매해 나눔 행사를 열고, 각종 데이day 마케팅에도 농산물을 활용한 것이 주효했다.

충남 당진시 대호지면 도이리 명예이장 위촉식

제철 농산물 나눔행사

앞으로도 고향과 나의 선의의 경쟁은 계속될 것이다.

나는 바이네르를 세계 최고의 구두를 만드는 기업으로 만들기 위해 노력할 것이고, 고향 분들 또한 세계에서 가장 살기 좋은 농촌을 만들기 위해 열심히 뛸 것이다. 이러한 작은 노력들이 모여 우리 농민들 얼굴에 환한 미소가 퍼졌으면 참 좋겠다.

진짜
공부란?

　나는 진짜 공부란 '세상이 나를 필요로 하도록 갈고 다듬는 것'이라고 생각한다. 세상은 하루가 다르게 변한다. 하지만 세상이 아무리 변해도 사람은 늘 필요하다. 끊임없이 세상이 나를 필요로 하게 만드는 작업이 공부다.

　별다른 것이 아니다. 세상이 필요로 하는 것 중에서 나에게 가장 잘 맞는 것을 선택해 갈고 닦으면 그게 진짜 공부다. 이 세상 모든 곳이 공부할 수 있는 학교다. 수천 년 동안 갈고 닦아진 곳이 널려 있기 때문이다.

　그렇다면 공부를 왜 해야 하나?
　세상이 빨리 변한다. 변화를 캐치하고 적응해야 내가 이 찬스를 잡아서 내 인생이 성공할 수 있는 것이다.

공부를 할 때는 질문하는 것을 부끄러워하지 마라. 모르면서 묻는 것은 잠깐 부끄러울 뿐이지만, 모르면서 묻지 않는 것은 영원한 수치다. 질문하면서 배운 것은 영원히 간다.

공부를 해야 변화의 리듬을 탈 수 있다. 변화의 리듬을 놓치면 역사 속으로 사라지는 기업이 되고, 변화의 리듬을 빨리 캐치하여 적응하면 잘나가는 회사가 될 수 있다.

부모가 자식에게 아무리 공부하라고 해봤자 소용없다. 아이 스스로 공부에 대한 정의가 확실하지 않으면 소 귀에 경 읽기다. 자신을 위해서가 아니라 부모를 위해 공부하는 척만 하는 것이다.

명확한 목표가 서 있지 않은 상황에서는 억지로 공부해서 대학에 들어가도 미래의 직업을 결정하지 못하기 때문에 처음부터 다시 계획을 세워야 한다. 명문대를 가는 것, 대기업에 들어가는 것, 그것을 위해 하는 것이 공부가 아니고 언제 어디서든 세상이 나를 필요로 하게 만드는 것이 진정한 공부다.

나는 이 '공부'에 대한 정의를 직원들과도 공유했다. 그랬더니 놀라운 변화가 생겼다. 직원들이 자발적으로 일을 하기 시작한 것이다. 특히 트렌드에 민감한 개발실에서 공감지수가 높았다. 고객이 우리를 필요로 하게 만들어야 한다. 우리 구두를 사지 않으면 못 배길 정도의 구두를 만들어야 하기 때문이다.

지금 이 순간에도 세상의 가치관과 삶의 스타일은 변하고 있다. 이 변화에 맞추어 꾸준히 공부하지 않으면 세상에서 밀려나기 시작한다. 진짜 공부를 해야 하는 이유다.

2015 구두 공모전 시상

"사회가 필요로 하는 인재가 돼라."

내가 세운 공부에 대한 정의는 회사가 한 단계 도약하는 동력 역할을 해주었다. 고객에게 필요한 나, 고객에게 필요한 구두를 만드는 것을 삶의 맨 앞에 두기 시작하면서 구두 완성도가 한층 좋아졌기 때문이다.

대기업들은 '핵심역량 강화' '고객가치 추구' 등 어찌 보면 뻔한 문구 몇 개 만드는 데 수십억씩 투자한다. 잘 만들어진 기업 철학 하나가 수만 명 직원을 하나로 모으는 힘을 가지고 있다는 것을 잘 알고 있다.

그러나 문제는 실천이다. 실천이 뒷받침되지 않으면 공염불에 불과하다.

정의하라. 그리고 실천하라.
이것이 가장 확실한 성공의 방정식이다.

교육은
가정에서 시작된다

공부는 아이들만 하는 것이 아니다. 공부는 평생 하는 것이다.

그러나 아이들의 인생을 100% 좌우할 수 있는 교육은 가정에서 시작된다.

부모는 자식들의 거울이다.

부모가 잘 웃으면 아이들도 잘 웃게 되고, 부모가 인사를 잘하면 아이들도 인사성 바른 아이들로 성장하고, 부모가 거짓말을 안 하면 아이들도 정직한 사람으로 자란다.

그래서 요즘 '밥상머리 교육'의 중요성이 강조되고 있는데 이는 아주 바람직한 현상이라고 생각한다. 밥상머리 교육은 단순히 가족이 모여 밥만 먹는 것이 아니다. 식사 준비부터 끝까지 함께함으로써 대화를 통해 가족 간의 거리를 좁히고, 아이들이 기본적인 예절과 절제를 배우는 것을 포함한다.

구글 창업자 래리 페이지는 성공의 비결에 관하여 "식사 시간마다 부모님과 나눈 대화 덕분에 끊임없이 읽고 생각하고 상상하게 됐다."라고 말했다. 페이스북 창업자 마크 저커버그도 "밥상머리에서 대화와 토론으로 세상을 배웠다."라고 밝혔다.

두 사람 모두 유대인이다. 오늘날 유대인들은 노벨상의 23%를 수상했고, 세계 500대 기업의 CEO 40% 이상을 차지하고 있다.

얼마 전 우연히 한 초등학생의 글을 보고 가슴이 뭉클해졌다. 암으로 세상을 떠난 엄마를 그리워하면서 쓴 시인데 제목이 〈가장 받고 싶은 상〉이다.

돌아가신 엄마를 그리워하며 한 글자 한 글자 꾹꾹 눌러 썼을 아이를 생각하니 나도 모르게 눈물이 핑 돌았다. 세상에서 제일 받고 싶은 상이 엄마의 밥상이라니 얼마나 애틋한 얘기인가?

유대인들만큼 나 역시 가정 교육이 무척 중요하다고 생각한다. 그래서 유대 격언 중 내가 자식 교육의 모토로 삼은 것이 바로 "자식에게 물고기를 잡아 먹이지 말고, 물고기를 잡는 방법을 가르쳐주라."다.

자식들에게 올바른 자립심을 키워주려면 부모부터 언제나 바르게 행동해야 할 것이다. 특히 자식에게 약속한 것은 꼭 지켜야 한다. 그러지 않으면 자식들에게 거짓을 가르치는 것이나 마찬가지다.

가장 받고 싶은 상

우덕 초등학교
6학년 1반 이슬

아무 것도 하지 않아도
짜증 섞인 투정에도
어김없이 차려지는
당연하게 생각되는
그런 상

하루에 세 번이나
받을 수 있는 상
아침상 점심상 저녁상

받아도 감사하다는
말 한마디 안 해도
되는 그런 상
그때는 왜 몰랐을까?
그때는 왜 못 보았을까?
그 상을 내시던
주름진 엄마의 손을

그때는 왜 잡아주지 못했을까?
감사하다는 말 한마디
꺼내지 못했을까?

그동안 숨겨놨던 말
이제는 받지 못할 상
앞에 앉아 홀로
되내어 봅시다
"엄마, 사랑해요."
"엄마, 고마웠어요."
"엄마, 편히 쉬세요."

세상에서 가장 받고 싶은
엄마상
이제 받을 수 없어요.

이제 제가 엄마에게
상을 차려 드릴게요.
엄마가 좋아했던
반찬들로만
한가득 담을게요.

하지만 아직도 그리운
엄마의 밥상
이제 다시 못 받을
세상에서 가장 받고 싶은
울 엄마 얼굴(상)

군대 가는 것이 아니라
인생 설계하러 갑니다

큰아들이 군 복무 중에 군 생활이 너무 지루하다고 투덜댄 적이 있다. 그때 나는 아들 얘기를 듣고 군 생활이 지루하지 않게 인생 설계를 하면 좋을 것 같다는 생각이 들었고, 군 시절을 미래를 위한 투자 기간으로 삼으면 좋을 것 같다고 조언했다.

그래서 나는 아들이 군대에 있을 동안 인생 설계를 5번 시켰다. 앞으로 어떤 모습으로 어떻게 살기를 원하는지 스스로 찾아보고 그 계획서를 작성하여 우편으로 보내라고 한 것이다.

제대를 앞두고 아들은 5번의 인생 설계 덕분에 군 시절이 너무 빨리 지나갔다고 너스레를 떨었다. 그래서 이번에는 내가 "아들아, 미안하다. 군대 한 번 다시 보내줄게." 하면서 서로 웃었던 기억이 난다.

이 일을 계기로 나는 군부대에서 강의를 할 때 장병들에게, 지금의 시간을 낭비하지 말고 미래의 인생을 설계하는 데 투자하라고 강조한다.

"장병 여러분, 군대 생활이 지루하다고 생각하는 사람 손 들어 보세요. 군대 생활은 여러분 인생의 한 구간일 뿐입니다. 군 생활 동안 지루한 인생을 살 것인가? 아니면 미래의 인생을 설계하는 시간을 가질 것인가? 여러분은 이 두 가지 중 어느 것을 선택하겠습니까? 당연히 미래를 설계하는 시간일 것입니다.

군대 생활이 지루할수록 미래의 변화된 내 모습을 상상해 보고 시간을 활용하여 인생을 설계한다면 누구든지 멋진 인생의 주인공이 될 수 있습니다. 자신의 10년 후, 20년 후, 30년 후를 한 번씩 상상하고 설계해 보십시오. 여러분을 보다 더 정확한 길로 인도해 줄 것입니다."

나는 군부대 강의를 10년 가까이 하고 있다.

육군 측과 협의하여 이 '인생 설계' 프로젝트를 지속적으로 진행하기 위해 앞으로는 매주 한 명씩 인생 설계를 가장 잘한 장병을 뽑아 국방일보에 게재하기로 했다. 또한 선발된 장병의 부모님에게 훌륭한 아들을 둔 기념으로 각각 남녀 구두 한 켤레씩을 만들어서 선물해 드리고 있다.

내가 이러한 프로젝트를 기획하고 진행하는 것은 우리 모든 장병들이 소중한 이 시간을 인생 설계를 하는 데 쏟아붓게 하고 싶은 바람에서다.

모범장병 호주 여행 후원

1군단 문화 인성 경연대회 후원

감기 걸리면
벌금이 100만 원!

우리 회사에는 절대로 감기 걸리면 안 된다는 원칙이 있다.

감기 걸리면 우선 사람이 너무 힘들다. 컨디션이 엉망이 되고 자연히 일의 능률도 떨어진다. 다 같이 손해인 셈이다.

감기에 걸린다는 것은 무엇인가? 감기 바이러스가 내 몸에 상륙작전을 성공한 것이다.

감기 바이러스가 내 몸에 들어오기 위해서는 두 개의 관문을 거치는데 코와 목이다. 그런데 코와 목에는 나를 지켜주는 군인들이 있다. 그 군인들과 싸워서 감기 바이러스가 이겼을 때만 상륙작전이 성공할 수 있다.

상륙작전에 일단 성공하면 치열한 전투를 하고 들어왔기에 감기 바이러스는 내 몸에서 쉽게 나가지 않는다.

뒤늦게 바이러스를 쫓아내기 위해 약을 먹어봤자 별 실효가 없다.

나는 약 대신 감기 바이러스가 가장 꼼짝 못 하는 것을 찾아냈다. 바로 따스한 소금물이다. 따스한 소금물 앞에서는 감기 바이러스가 내 몸에 얼씬도 못 한다.

아침저녁으로 목을 가글해 주고 코를 세정해 주면 감기 바이러스는 절대로 내 몸에 들어올 수 없다.

우리 회사에서는 내가 감기에 걸리면 벌금이 100만 원이고, 직원들은 5만 원이다. 자신이 게을러서 감기 바이러스 상륙작전을 허용했기 때문에 벌금을 내야 하는 것이다.

나는 15년 동안 감기에 딱 두 번 걸렸다.

이탈리아에 출장을 갔을 때였다. 이탈리아 사람들은 겨울에 굉장히 춥게 산다. 추운 것은 옷을 두껍게 입으면 되지만, 깜박 잊고 소금과 코 청소기를 안 가지고 간 것이 화근이 되었다. 결국 감기에 걸렸고, 내 잘못이기에 벌금을 두 번 낸 적이 있다.

이렇게 모인 벌금은 우리 회사의 '사랑의 창고' 기금으로 활용된다. 이 기금은 주로 어려운 사람들을 도와주는 일에 쓰인다.

'사랑의 창고' 기금이 되어주는 벌금이 또 한 가지 있는데 기본적인 예절과 관련된 것이다. 회의 때 핸드폰 벨이 울리면 누구를

막론하고 5만 원의 벌금을 내야 한다. 벌금을 모아 어려운 사람들을 돕는 기금으로 사용하니 '꿩 먹고 알 먹고'다.

케냐 우물 개척 지원

인생5단계

'행복 Happiness'

불타는 열정

한 걸음 한 걸음이 모여

꿈을 이룬다.

− 김원길 −

돈을 주지 말고
돈 버는 법을 가르쳐라

젊었을 때 고생도 많이 했지만, 그 고생이 독이 아닌 약이 되어 지금의 내 인생을 행복하고 풍요롭게 해주고 있다. 그러나 나는 돈을 단순히 쌓아놓으려고 번 것이 아니다. 내가 번 돈은 내가 살아온 가치를 평가해준다. 내가 똑바로 살았는지 아니었는지.

결국 돈은 쓰기 위해 버는 것인데 그렇다면 어떻게 쓸 것인가? 돈이야말로 가장 가치 있게 쓸 때 참된 의미가 있다.

어떤 사람들은 돈 벌어서 자식한테 주는데 나는 그것에 동의하지 않는다.

내가 좋아하는 유대인 속담 중에 "물고기를 주지 말고 물고기 잡는 법을 알려주라."라는 말이 있다.

돈도 같은 이치다. 자식들에게 돈을 주지 말고 '돈 버는 법'을 알려줘야 한다. 그것이 진정으로 자식을 위하는 길이라고 생각한다.

내 주변에서 부모가 힘들게 일궈놓은 20년, 30년 된 기업을 물려받아 2~3년 안에 날려 버리는 사람들을 많이 봐왔다. 고생 한 번 안 하고 쉽게 얻은 것은 또 그만큼 쉽게 잃기 마련이다. 자신의 노력 없이 부모가 물려준 것을 받는 것만큼 슬픈 인생도 없다.

이 때문에 나는 자식들한테 절대로 돈을 벌어주지 않고 그들을 평생 먹여 살릴 생각도 없다. 이 부분은 타협이 안 된다. 그래서 아예 아이들한테도 일찌감치 못 박아 두었다.

"난 너희들의 노예가 아니다. 내가 번 돈은 너희들이 쓸 수 없다. 너희가 쓸 돈은 너희가 벌어서 써라. 내가 열심히 노력해 보니 잘살 수 있더라. 그러니 너희에게 돈 버는 법을 터득할 수 있도록 도와주겠다."

이런 내 교육 철학을 확고히 하게 된 데에는 둘째 아들 우현이의 공이 컸다. 초등학교 3학년 때 주니어 골프 챔피언을 딸 만큼 실력도 겸비한 우현이가 작년부터 꾀를 부리고 훈련을 열심히 안 하는 것 같았다. 나는 그전에 아들과 계약을 맺었는데 거기에 열심히 안 하면 계약금을 유보한다는 조항이 있어 돈을 주지 않았더니, 그제야 우현이도 배고픔을 알게 되어 이후부터는 다시 훈련에 열심이다.

페이스북 창업자 마크 저커버그는 거액을 기부하면서 다음과 같은 말을 했다.

"나는 내 딸이 보다 더 아름다운 세상에서 살았으면 좋겠다. 내 딸한테 유산을 물려주는 것보다 아름다운 세상을 물려주기를 원한다."

김원길대표

김우현프로

둘째 아들 김우현 프로와 함께

한 번 사는 인생,
월급 받는 인생보다는
월급 주는 인생으로

학생들을 대상으로 하는 강연에서 내가 늘 하는 말이 있다.

"취직에 목매지 마라. 단물 빠지면 하루아침에 쫓겨날 수도 있다. 그 후로는 인생이 외롭고 힘들어진다. 임원으로 살아남아도 여유가 없기는 마찬가지다. 직장은 퇴직 이후를 보장해 주지 않는다. 사업에 도전하라. 이게 정답이다."

취직을 목표로 내달려온 학생들에게 이런 말은 좀 생뚱맞게 들릴 수도 있다. 그런데 놀랍게도 학생들은 내 강연을 굉장히 진지하게 받아들인다. 취직만 생각했지, 취직 이후에 대한 생각은 한 번도 해보지 않은 상황에서, 맨주먹으로 시작해 사업으로 꿈을 이룬 사람이 계속 떠들어대니까 신기하게 바라보는 것이다. 그들에게 나는 확실하게 못을 박는다.

"사업은 실패해도 다시 일어설 수 있지만, 직장에서는 다시 일어설 수 없다."

단순히 자극을 주기 위해서라고 생각할지 몰라도 이는 사실이다. 내가 지켜본 바 직장인의 행보는 생각보다 더 비참하다.

학창시절 우등생 소리를 듣던 내 친구들만 봐도 그렇다. 40대 중반부터 은퇴를 고민하더니 50세가 되자 거짓말처럼 회사를 나왔다. 직장생활만 계속한 사람은 은퇴 이후에 할 일이 많지 않다. 자영업으로 성공할 확률은 직장에서 살아남을 확률보다 훨씬 희박하다. 공식 통계로 봐도 10% 미만이다.

좋은 대학 나오고 좋은 회사 다니던 친구들이 은퇴 이후를 심각하게 고민하던 40대 중반, 나는 그 시기에 사업의 틀이 잡혔다. 마치 20대 청년처럼 새로운 꿈을 꾸기 시작했다. 직장을 다닌 친구들은 조로해가고 있는데 나는 오히려 젊어지고 있다.

그러니 오로지 대기업 다니는 것을 삶의 목표로 살아가고 있는 이 땅의 청년들이 안타깝고 안쓰러울 수밖에. 그래서 나는 강연을 다닐 때마다 월급 '받는' 인생을 살지 말고 월급 '주는' 인생을 살자고 강조하는 것이다.

"학생 여러분, 나는 중학교 졸업이 최종 학력입니다. 그래도 1년에 10억 원씩 봉사하며 삽니다. 여러분은 내가 꿈도 꾸지 못한

대학생들이 아닙니까? 훨씬 근사하게 살 수 있습니다. 꿈에 도전
해 보십시오."

　강연 시간마다 이 이야기를 하면 객석에서 박수가 터져 나온다.

　스스로에게 물어보라.
　한 번 사는 인생,
　월급을 받는 인생이 될 것인가?
　월급을 주는 인생이 될 것인가?
　이왕이면 월급 주는 인생으로 살아가자.
　사장이 되기 위해선 가치 경쟁력을 갈고닦아야 한다.

성공의
비밀

누구나 성공된 삶을 꿈꾸고 기대한다.
그러나 누구나 성공하는 것은 아니다.

나는 진정한 성공의 비밀은 '사랑'이라고 생각한다.
사랑은 엄청난 에너지다. 사랑을 하면 아무리 멀어도 단숨에
달려갈 수 있는 힘이 생겨난다.

1. 자기 삶을 사랑하자.
2. 자기 직업을 사랑하자.
3. 고객을 사랑하자.
4. 주변 사람들을 사랑하자.

사랑을 하면 긍정의 힘이 생겨난다.
사랑을 하면 새로운 아이디어가 샘솟는다.
사랑을 하면 세상이 아름답게 보인다.

사랑하는 방법을 터득하여 성공하는 우리 모두가 되자.
We can do it! 우리는 할 수 있다.

사랑과 더불어 또 하나의 성공의 비밀이 있다.
내일 할 일을 오늘 하는 것이다.
아랫글은 내가 크리스마스 때 전 직원에게 보낸 문자 메시지다.

이탈리아 연수 중 알프스에서 직원들과

Merry christmas
& Happy New Year

즐거운 성탄절입니다.

모두가 성공하는 한 해 마무리 잘하고
희망찬 새해를 맞이하기 바랍니다.

성공하는 비밀을
좀 전에 크리스마스 선물로 받았습니다.

내일 할 일을 오늘 하면
그것이 모여 성공,
즉 부자로 살 수 있다는
선물을 받았습니다.

이 선물 모두에게 드립니다.

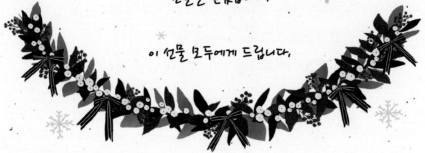

경쟁자는
나의 자산이다

세상의 모든 스포츠가 재미있는 것은 경쟁하기 때문이다.

김연아가 혼자서만 피겨스케이팅을 잘했다면 지금의 톱스타가 되었을까?

라이벌 일본의 아사다 마오가 있었기에 국민적으로도 열광하는 분위기가 살아난 것이라고 생각한다.

경쟁자가 있기에 더 공부하고 더 연구하고 더 열심히 뛰는 것이다. 피곤하고 지칠 때도 나를 깨워주는 힘인 경쟁자가 있기에 성장하고 발전하는 것이다.

그러므로 경쟁자가 많다는 것은 자산이 많은 것이다.

우리가 한일전에 열광하는 것도 일본이라는 숙적이 있기 때문이고, 대학의 라이벌로 유명한 고·연전이 우리의 흥미를 끄는 것도 비슷한 수준의 경쟁자가 존재하기 때문이다. 삼성과 현대도 마찬가지다.

경쟁자가 한 걸음 앞서 나가면 상대에게 훌륭한 자극이 된다. 서로가 지지 않기 위해 제자리에서 멈추지 않고 끊임없이 움직인다. 결국 경쟁자와 함께 내가 발전하고, 더 나아가 사회와 국가도 발전할 수 있다.

최경주 프로 후원 조인식

진정한 경쟁자는 상대의 약점을 밟고 일어서는 것이 아니라 정정당당한 경쟁을 하며, 상대를 시기하고 비난하는 것이 아니라 상대방의 재능을 인정한다.

그러므로 서로 치열한 견제와 경쟁을 넘어서서 창조적인 공생을 하고, 서로를 발전시켜 나갈 수 있다.

나와 어깨를 나란히 하며 앞서거니 뒤서거니 짜릿한 승부를 펼칠 수 있는 경쟁자를 많이 가질수록 내가 더 강해질 수 있는 것이다.

진정한
부자란?

사람들은 누구나 부자로 살기를 원한다. 그런데 부자 중에 어떤 사람은 돈을 벌기만 하고 써보지도 못한 채 죽는 사람도 있다. 나는 그런 사람을 '부자'라고 부르진 않는다. 그런 사람은 단순한 돈 버는 노예에 불과할 뿐이다.

진정한 부자란 내가 직접 돈을 벌어서, 내가 궁핍하지 않게, 내가 하고 싶은 일 다 하며 사는 사람이라고 생각한다. 또한 진정한 부자란 나만 위해 쓰지 않고, 나보다 어려운 사람들을 위해 봉사하면서 그들의 새로운 미래를 설계하는 데 버팀목이 되어 주는 사람이다.

즉 돈을 멋지게 쓸 줄 아는 사람이 진짜 부자라고 생각한다.

나를 위해서 1억 원을 쓴다고 가정해 보자.

명품이라는 것들로 1억 원을 들여 치장해봤자 그런 나의 가치가 세상에 얼마나 알려질까? 그런데 그 1억 원을 세상의 그늘진 곳에서 돈이 없어 하고 싶은 것을 못 하며 살아가는 사람들을 위해 쓴다면? 세상에서 나를 바라보는 시선이 당장에 바뀔 것이다.

돈의 가치는 남들을 위하여 쓰일 때 가장 큰 빛을 낸다.

돈이 있으면 얼마는 자신을 위해 쓰고 또 얼마는 세상을 위해 쓰는 것이 가장 좋은 소비. 이런 좋은 소비를 몸에 익히는 것이면 훗날 자기 자신을 자랑스러워할 수 있는 토대가 될 것이다.

우리 속담에 "소도 언덕이 있어야 비빈다."라는 말이 있다.

주변에 힘든 이웃들을 위해 장학금도 주고 효도잔치도 열어주면서 그 사람들의 언덕이 되어 주는 것. 그래서 세상에 아름다운 흔적을 많이 남길 수 있는 사람, 그런 사람이 진정한 부자다.

자식들에게 돈을 벌어주는 대신 돈 버는 법을 가르치는 것 또한 같은 맥락이다. 부모 재산 가지고 쩨쩨하게 사는 것이 아니라 돈 버는 방법을 가르쳐서 성공한 부모보다 더 멋있고 폼 나게 사는 법을 가르치는 것이다. 이 또한 세상에 아름다운 흔적을 남길 수 있는 것이고, 아름다운 흔적이 많으면 많을수록 진정한 부자인 것이다.

2018 효도잔치

바이네르 발사랑 건강걷기 축제

박애원 바자회

장학금 수여

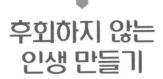

후회하지 않는
인생 만들기

사람들은 죽음 앞에서 후회를 100가지 정도 한다고 한다.

죽음을 앞두고 후회한들 무엇 하겠는가?

후회는 할 수 있는 것을 안 했을 경우에 한다고 한다.

대체 그때 왜 시도하지 않았을까?

1. 나이는 젊은데 회사에서 쫓겨날 때 좀 더 열심히 할걸! 창업
   할걸!
2. 좀 즐기며 살걸!
3. 봉사 좀 할걸!
4. 진짜 하고 싶은 일을 할걸!
5. 꿈을 꾸고 그 꿈을 이루려고 노력할걸!
6. 죽도록 일만 하지 말걸!

7. 가고 싶은 곳으로 여행을 떠날걸! 등등

여기에서 노래 한마디!
♬있을 때 잘해~~~~

미국 작가 루이스 E.는 서글픈 인생을 대표하는 세 마디 말을 "~할 수 있었는데." "~할 뻔했는데." "~해야 했는데."라고 요약했다.
시인 존 그린리프 휘티어 역시 입이나 펜에서 나오는 말 중 가장 슬픈 것은 "그럴 수 있었는데."라고 말한 바 있다.

이처럼 대부분의 사람들이 실패한 것보다는 자신이 하지 않은 것에 대해 더 많이 후회를 한다. 생의 마지막 순간에 삶을 되돌아보면서 '좀 더 많은 것을 행동에 옮겼더라면….'이라고 후회하는 수많은 사람 중 하나가 되지 않으려면, 과감하게 도전하는 삶을 살아야 한다.

미래는 현재 내가 하는 행동에 따라 결정되는 것이다. 꿈꾸는 것도 중요하지만 꿈을 실행에 옮기는 것이 더 중요하다.
죽음을 눈앞에 두었을 때 뻔히 내가 하지 않은 일 때문에 후회하리라는 걸 알면서도, 오늘의 나를 버리지 못해 내일의 나를 포기하는 것은 무척 어리석은 일이다. 후회하지 않으려면 무엇이든 일단 시작해야 한다.

　그렇게 살다가 생의 마지막 날에 다다르면, 후회하지 않는 삶을 산 자기 자신을 칭찬해 주며 쿨하게 굿바이 인사를 하자.

　내가 산 지구여!
　감사합니다~~~
　바이~바이~♡♡♡

　이런 말을 남기고 생을 마감할 수 있게 최선을 다해 살아보면 어떨까 한다.

아름다운 흔적을
만들어요

사람은 살면서 누구나 흔적을 남긴다.

아름다운 흔적을 남긴 사람도 있고 나쁜 흔적을 남긴 사람도 있다. 아름다운 흔적이 많을수록 세상이 아름다워진다.

나는 늘 이런 마음가짐으로 살다 보니 〈힘들어도 괜찮아〉 이후 내 두 번째 노래로 〈아름다운 흔적을 만들어요〉를 만들고 있다.

얼마 전에는 모 방송국과 협의하여 이 노래의 노랫말 공모전을 열어서 공모자들에게 상금 5천만 원을 시상하기도 했다. 상금은 내가 여윳돈이 있어 준 것이 아니라 연금보험을 해약하여 준 것이다. 아직까지 마음에 확 와닿는 노랫말이 없어서 지금도 연구 중이다.

〈아름다운 흔적을 만들어요〉의 노랫말을 만들다 보니 다른 사람들의 노래를 들을 때도 가사를 주의해서 듣게 되었다. 그러던 중 어느 날 우연히 내 심장을 멎게 할 만큼 아름다운 노랫말을 발견했다.

러시아 민요에 가수 심수봉 씨가 노랫말을 붙인 〈백만 송이 장미〉였다.

먼 옛날 어느 별에서

내가 세상에 나올 때

사랑을 주고 오라는

작은 음성 하나 들었지

사랑을 할 때만 피는 꽃

백만 송이 피워 오라는

진실한 사랑을 할 때만

피어나는 사랑의 장미

(중략)

그대와 나 함께라면

더욱더 많은 꽃을 피우고

하나가 된 우리는

영원한 저 별로 돌아가리라

이 노래를 음으로만 따라 부르며 흥얼거릴 때는 잘 몰랐는데, 가사를 음미하며 가사 속으로 들어가니 어떻게 이렇게 아름다운 노랫말을 붙였을까 감탄을 하게 되었다. 정말이지 무척 아름다운 노랫말이었다.

이런 멋진 노랫말을 발견할 수 있었던 것도 내가 노랫말을 쓰기 위해 다른 사람의 노래를 주의 깊게 찾아보고 가사를 음미하며 들어보았던 덕분이다. 즉 노래를 만들고 글을 쓰다 보니 또 새로운 세상을 만나게 된 것이다.

사람은 100년을 산다고 하지만 노래는 1,000년을 살 수 있다고 들었다. 부디 아름다운 흔적을 남긴 사람들과 아름다운 노래들이 많아져서, 이 세상이 더욱더 아름다워지기를 소망한다.

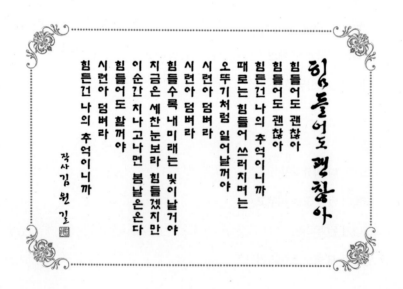

힘들어도 괜찮아

힘들어도 괜찮아
힘들어도 괜찮아
힘든건 나의 추억이니까
때로는 힘들어 쓰러지며는
오뚜기처럼 일어날꺼야
시련아 덤벼라
시련아 덤벼라
힘들수록 내미래는 빛이 날거야
지금은 세찬눈보라 힘들겠지만
이순간 지나고나면 봄날은온다
힘들어도 할꺼야
시련아 덤벼라
힘든건 나의 추억이니까

작사 김원길

돈 속에서
만나요!

매일이 당신의 마지막 날이라고 생각하라.

매일이 당신의 최초의 날이라고 생각하라.

– 유대 격언

이 책을 읽고 있는 여러분도 꿈이 있는 것처럼 기업인인 나에게도 꿈이 있다.

멋있는 후배 사업가 10명을 만들어내는 것이다.

예전부터 후배 사업가들에게 멘토가 되어주고 있는데, 그 친구들을 만날 때면 차비를 쥐여 주곤 한다. 그런데 종종 그 친구들이 내가 준 지폐를 들여다보며 "와우, 신사임당! 세종대왕!" 하면서 감탄사를 연발한다. 그때마다 나는 왠지 모를 질투심이 일어나 중얼거린다.

"대체 신사임당이 뭘 잘해서 돈 속에 들어간 거야? 세종대왕은?"

질투심은 이내 부러움으로 바뀌고 '나도 어떻게 돈 속에 들어갈 수는 없을까?'라는 고민을 하게 되었다. 그러다가 '나도 꼭 돈 속으로 들어가고 말 테야!' 하는 원대한 꿈을 꾸기 시작했다.

여러분들은 돈 속으로 들어가겠다는 내 꿈이 어떤가? 내 꿈이 좋다고 생각하는 사람들에게는 이 꿈을 모두 나누어주겠다. 이 꿈을 같이 꾸는 것이다.

열심히 일하면서 돈 속에 들어가는 꿈을 열심히 꾸다가 나중에 지치면 자식들한테 대대손손 물려줘도 된다. 옆집에 나눠줘도 된다.

그러나 이 꿈은 돈을 많이 번다고 해서 가능한 일이 아니다. 신사임당과 세종대왕만 봐도 알지 않겠는가? 그들처럼 가치 있는 나눔과 봉사로 세상에 아름다운 흔적을 남긴 사람들에게나 가능한 꿈인 것이다.

나는 우리나라 역사의 한 페이지를 장식했던 그들만큼 위인은 못 되지만, 적어도 게으름 피우지 않고 직원과 이웃과 함께하는 회사와 세상을 만들기 위해 노력해온 것만은 자신할 수 있다. 평범한 사람도 그가 어떤 삶을 살아냈느냐에 따라 얼마든지 위인이 될 수 있다.

나의 꿈은 지금도 ing다. 여전히 꿈을 향해 힘차게 달리고 있다. 나이가 들었다고 꿈도 사라지진 않는다. 때로는 혹독한 실패도 경험했지만 나는 그 실패에 주눅들지 않았다. 오히려 실패를 디딤돌 삼아 성공으로 향하는 사다리를 한 계단씩 오를 수 있었다. 실패는 내게 성공의 또 다른 이름이었던 셈이다.

지금껏 내 삶에 아름다운 흔적을 남기기 위해 열심히 살아왔기에 죽음 앞에서 세상에 남길 말도 미리 만들어 놓았다.

"내가 산 지구여, 땡큐Thank you! 바이바이Bye-bye!"

나를 살게 해준 지구에 감사하고 웃으면서 인사하고 갈 것이다.

「 아름다운 흔적을 남기자 」

안녕하세요? 바이네르 구두 대표 김원길입니다
퇴계 이황, 세종대왕, 신사임당….
이분들의 공통점은 뭘까요?
우리나라 화폐 속의 인물들입니다.

제 꿈이 바로 이분들처럼
500년 뒤에 우리나라 화폐 속 인물로
들어가는 건데요,

돈 속에 들어가는 일은
절대로 돈을 많이 번다고 되는 일이 아니죠.

가치 있는 나눔과 봉사로 세상에 아름다운 흔적을
남기는 사람에게나 가능한 일일 겁니다.

그래서 저는 사람들을 만나고 헤어질 때
이런 인사를 합니다.
"먼 훗날 우리 돈 속에서 만나요~~~"
(그런 멋진 흔적을 남기며 살고 싶습니다.)

잠깐만~ 우~리 이제 한번 해봐요, 사랑을 나눠요~

'Q&A
김원길 대표에게
묻는다'

만나는 모든 사람에게서 무엇인가를 배울 수 있는 사람이

이 세상에서 가장 현명하다.

― 탈무드

1)

Q. 실패 극복 방법은?

A. 우리 회사는 금기어가 '불경기'다. 꼭 일 못하는 직원들일수록 "요즘 불경
   기라 손님이 없어요."라고 한다.

   내가 만든 구두가 안 팔리면 불경기인가? 안 팔리는 구두를 누가 만들었
   나? 내가 만든 것이다. 세상 핑계는 그만!

2)

Q. 인생에서 가장 힘들었던 순간은?

A. 사업자금 압박으로 불면증이 와서 잠을 못 잤을 때 가장 힘들었다. 악마
   의 세월이라 불렀지만, 결국 극복해냈다.

3)

Q. 바이네르 상표에 숨겨진 의미는?

A. 1961년 이탈리아에서 만들어졌고 브랜드 창업주의 이름이다. 나는 이 브
   랜드를 인수하면서 그곳에 무엇을 담을 건가 고심했고, 궁리 끝에 이 안
   에 '아름다운 흔적'을 담겠다고 결심했다.

   바이네르 속에는 아름다운 흔적이 있다. 이런 마음가짐으로 경영에 임
   한다.

4)

Q. 다시 청년 시절로 돌아간다면?

A. 돈으로는 살 수 없는 것이 바로 청춘이다. 내가 만약 청년 시절로 돌아간다면 성공적으로 멋진 인생을 산 선배들을 보면서 인생 계획을 짤 것이다.

그분들의 멋진 모습 가운데 고르고 골라서 내 인생을 그분들보다 더 멋지게 설계할 것이다.

5)

Q. 회사 경영이 어려워졌을 때는?

A. 경영난으로 앞이 보이지 않으니 불면증이 왔다. 사실 포기하고 싶을 때도 있었다. 끝까지 포기하지 않고 일에 매진하다 보면 내가 하고 있는 일이 사회와 딱 맞아떨어지면서 히트상품이 될 때가 있다. 일단 히트상품을 개발하니 불경기는 나와는 상관없는 일이 되었다. 이것이 불경기 극복의 열쇠이다.

내가 하고 있는 일과 세상의 관심이 불일치하면 불경기고, 내가 하고 있는 일이 세상의 중심에 있을 때는 호경기다. 즉 트렌드를 간파하면 불경기는 없다.

다행히 우리 회사는 다 포기하고 싶은 순간에 성과가 보였다. 그러나 여기에는 전제 조건이 있다. 잘될 수밖에 없게 그만큼 일을 해야 한다. 고객들이 원하는 것, 세상이 원하는 것을 충족시키기 위한 노력은 필수다.

6)

Q. 불경기를 어떻게 즐기나?

A. 산을 오르다 보면 오르막이 있다. 인생은 등산과 같다. 오르막이 있으면 평지도 있고 내리막도 있을 것이다. 오르막을 오를 땐 내리막을 생각하면 된다. 굉장히 힘든 상황에 처했다면 '이다음엔 또 얼마나 쉬워지려고 이렇게 나를 힘들게 하나?'라고 스스로에게 최면을 건다.

7)

Q. 자식을 위한 올바른 교육은?

A. 나는 자식들에게 유산을 상속하는 건 올바른 길이 아니라고 생각한다. "물고기 한 마리를 잡아주면 하루를 살 수 있지만, 물고기를 잡는 방법을 가르쳐 주면 일생 동안 먹고 살 수 있다."라는 유대인 격언처럼 자식들에게 상속 대신 직접 돈 버는 법을 가르쳐줘야 한다고 생각한다.

8)

Q. 바이네르 신발이 편안한 비결은 무엇?

A. 고객의 마음은 항상 변하고 있다는 걸 명심하고 있다. 고객은 늘 더 예쁘고 더 편안한 구두를 찾게 마련이다. 그걸 떠올리면 절대로 연구 개발을 게을리하거나 맘 놓고 쉴 수가 없다. 만약 우리 제품이 맘에 들지 않는다면, 고객이 한 번은 몰라도 절대로 두 번은 봐주지 않는다는 걸 나는 누구보다 잘 알고 있다.

9)

Q. 모범 장병들에게 해외연수 기회까지 주고 있다는데?

A. 모범 장병을 일 년에 두 번 3명씩 뽑아 7박 8일 유럽 여행을 보내준다.
하지만 아무나 보내줄 수는 없다. 그래서 강연할 때마다 강조한다. 선배
를 존경하고 후배를 사랑할 것, 그리고 전우애가 있을 것. 이것만 잘 익히
면 사회에 나와서도 리더가 될 수 있다고 생각한다.

그리고 1군단 예하 부대에 조리병들이 1,600명 정도 되는데, 조리경연대
회를 일 년에 두 번 한다. 이 대회에서 입상한 조리병을 10명씩 일 년에
두 번 호주 연수를 보내고 있다. 이건 나 혼자 하는 건 아니고, 호주의 스
시 전문 업체와 제휴를 맺어 나는 항공권 비용만 부담한다.

10)

Q. '진정한 성공'이 뭐라고 생각하나?

A. 나는 '성공이란 행복하고 존경받는 것이다.'라고 정의 내린다. 먹고살 만
하고 돈만 버는 게 성공이 아니기 때문이다. 그래서 나는 '행복지수 1등
회사'를 만드는 프로그램을 가동하기 시작했다. 사회로부터 존경을 받으
려면, 내가 가지고 있는 것으로 세상을 이롭게 하면 되지 않을까 생각했
다. 그래서 장학금, 군부대 강연, 효도잔치 등을 마련하고 있다.

직원들의 행복지수를 높이기 위한 노력도 아끼지 않고 있다. 경기도 청
평과 제주도에 직원 전용 연수원을 갖추고 여름에는 직원들을 위한 수상
스키 강사, 겨울에는 스키 강사로 내가 나선다. 회사 앞에 놓인 <u>스포츠카</u>,
보트도 직원 누구나 이용할 수 있다. 큰 기업을 만들기보다는 직원이 행

복한 회사를 만드는 것, 매출이 높은 기업보다 나누는 기쁨을 아는 기업을 만드는 것이 성공의 지름길이라 생각한다.

11)

Q. 나에게 행복이란?

A. 행복하려면 내 인생이 가야 할 곳, 내 인생의 꿈이 있어야 한다고 생각한다. 그리고 하고 싶은 일을 하며 신나게 놀고, 내 주변에 많은 사람들이 있어서 행복하지 않은가 생각한다.

12)

Q. 나에게 환원이란?

A. 나는 우리 회사의 경영 이념을 다음과 같이 정리했다. '세상을 아름답게, 세상 사람들을 행복하게, 그리고 그 속에서 나도 행복하게.' 이러한 이념과 사명으로 일을 하고 있다.

13)

Q. 어떤 공부를 하고 있는지?

A. 지금 세상이 계속 변하기 때문에 고객들은 지금보다 더 좋은 구두, 더 예쁘고, 더 편하고, 더 멋있는 것을 계속 원하고 있다. 변하기 때문에 공부를 안 하면 결국 살아남을 수 없다. 그래서 난 공부에 대한 정의를 썼다. '공부란 세상이 나를 필요하도록 갈고 닦는 것'이다.

불가능해 보이는 꿈을 현실화시키는 것은 불가능해 보이는 것을 꿈꾸는 데서 시작합니다

— 권선복
도서출판 행복에너지 대표이사
영상고등학교 운영위원장

"내가 호텔 종업원으로 일할 때 나보다 뛰어난 사람은 얼마든지 있었어요. 하지만 그들은 나처럼 하루도 빠짐없이 자신의 미래를 생생하게 그리지는 않았어요. 노력이나 재능보다 훨씬 중요한 것은 성공을 꿈꾸는 능력입니다."

가난한 행상의 아들로 태어나 전 세계에 250개가 넘는 호텔을 세운 호텔 왕 콘래드 힐튼의 이야기입니다. 어렵게 호텔 벨보이로 취직한 소년은 언젠가 호텔 사장이 되는 꿈을 단 하루도 잊지 않았고, 가장 큰 호텔 사진을 구해 사장이 된 자신을 날마다 상상했습니다. 가정 형편, 학벌보다 훨씬 더 중요한 것은 꿈과 그것을 달성하기 위한 꾸준한 노력입니다.

이 책 『힘들어도 괜찮아』의 저자이자 우리나라 컴포트슈즈 업계의 독보적인 1위 기업 (주)바이네르의 김원길 대표 또한 아무리 열악한 상황에서도 자신의 10년 후,

20년 후 미래를 설계하며 꿈을 꾸는 것을 잊지 않았습니다. 김원길 대표야말로 분명한 목표를 가지고 남들과는 차별화된 방식으로 치열하게 노력하여 값진 성공을 이끌어낸 입지전적인 인물이라 할 수 있습니다. 그는 말합니다.

"성공의 열쇠는 학력과 자본에 있지 않다. 어떻게 하면 행복할 수 있을까? 행복의 가장 중요한 조건은 내 인생의 목적지, 즉 꿈을 갖고 있느냐 하는 것이다. 사람이라면 꿈이 있어야 하고 일이 있어야 하고 주변에 사람이 있어야 한다."

김원길 대표는 불가능해 보이는 꿈도 자신이 할 수 있다고 믿었습니다. 그는 언제 어디서든 꿈꾸는 일을 게을리하지 않았고, 그 꿈을 바탕으로 자기 앞에 놓인 인생의 사다리를 한 계단씩 오를 때마다 남들과 나누는 일에도 앞장서고 있습니다.

중졸의 학력이 전부인 그가 오늘날 모두가 부러워하는 진정한 CEO의 반열에 오를 수 있었던 것은 '매출이 높은 기업보다 나누는 기쁨을 아는 기업을 만드는 것'이 성공의 지름길이라 생각한 그의 올곧은 신념 덕분일 것입니다.

책 『힘들어도 괜찮아』에는 '역경' '극복' '성공' '나눔' '행복'이라는 키워드로 김원길 대표의 인생 역정 5단계가 진솔하게 담겨 있습니다.

그동안 열심히 달려온 김원길 대표의 어제와 오늘 그리고 내일을 응원하며, 저자의 영화보다 더 영화 같은 삶을 통해 우리의 운명은 우리의 생각과 행동에 의해 결정됨을 한 번 더 배웁니다.

불가능해 보이는 꿈을 현실화시키는 것은 불가능한 것을 꿈꾸는 데서 시작합니다. 이 땅의 많은 청년들이 (주)바이네르의 김원길 대표를 롤 모델로 삼아 주어진 역경을 극복하고, 치열하게 노력하여 얻은 성공의 열매를 보다 많은 사람들과 나눔으로써 더욱더 행복해지기를 소망합니다.

또한 이 책이 청년들뿐만 아니라 정년퇴임, 전역, 정리해고 등으로 제2의 인생을 준비하는 사람들에게도 희망의 메시지가 되어 행복에너지가 팡팡팡 샘솟기를 기원합니다.

'행복에너지'의 해피 대한민국 프로젝트!
〈모교 책 보내기 운동〉

대한민국의 뿌리, 대한민국의 미래 **청소년·청년**들에게 **책**을 보내주세요.

많은 학교의 도서관이 가난해지고 있습니다. 그만큼 많은 학생들의 마음 또한 가난해지고 있습니다. 학교 도서관에는 색이 바래고 찢어진 책들이 나뒹굽니다. 더럽고 먼지만 앉은 책을 과연 누가 읽고 싶어 할까요?

게임과 스마트폰에 중독된 초·중고생들. 입시의 문턱 앞에서 문제집에만 매달리는 고등학생들. 험난한 취업 준비에 책 읽을 시간조차 없는 대학생들. 아무런 꿈도 없이 정해진 길을 따라서만 가는 젊은이들이 과연 대한민국을 이끌 수 있을까요?

한 권의 책은 한 사람의 인생을 바꾸는 힘을 가지고 있습니다. 한 사람의 인생이 바뀌면 한 나라의 국운이 바뀝니다. 저희 행복에너지에서는 베스트셀러와 각종 기관에서 우수도서로 선정된 도서를 중심으로 〈모교 책 보내기 운동〉을 펼치고 있습니다. 대한민국의 미래, 젊은이들에게 좋은 책을 보내주십시오. 독자 여러분의 자랑스러운 모교에 보내진 한 권의 책은 더 크게 성장할 대한민국의 발판이 될 것입니다.

도서출판 행복에너지를 성원해주시는 독자 여러분의 많은 관심과 참여 부탁드리겠습니다.

도서
출판 **행복에너지** 임직원 일동
문의전화   0505-613-6133